EINFACH GUT

Ursula Summ

TRENNKOST FÜR 1 PERSON

INHALT

Eine gesunde und ausgewogene Ernährung ist heute besonders für Singles von großer Bedeutung. Die Trennkost ist vor allem dazu gedacht, den Körper zu entgiften, zu reinigen und das Gleichgewicht zwischen Körper, Geist und Seele wieder herzustellen, das durch falsche Eßgewohnheiten und andere Umwelteinflüsse verlorengegangen ist. Das Prinzip der Trennkost wurde vor fast 90 Jahren von dem amerikanischen Arzt Dr. Howard Hay entwickelt und macht es möglich, sich den ganzen Tag über gesund zu ernähren. Da in Single-Haushalten die Mahlzeiten oft eine weniger wichtige Rolle spielen – wer kennt nicht die Versuchung, sich schnell ein Fertiggericht in die Mikrowelle zu schieben – sind alle Gerichte schnell und mit wenig Aufwand zuzubereiten. Die kurze Einleitung und der Trennungsplan helfen vor allem Neulingen, sich mit dem Prinzip der Trennkost vertraut zu machen. Bis auf wenige Ausnahmen können Sie alle Lebensmittel verzehren, nur jeweils in die beiden Gruppen getrennt.

INFOS ZU DEN REZEPTEN

Die Backofentemperaturen
Die Temperaturangaben beziehen sich auf einen herkömmlichen Elektroofen mit Ober- und Unterhitze.

Die Kalorienangaben
Sie beziehen sich in der Regel auf 1 Portion. Ausnahmen sind im Rezeptkopf angegeben.

Die Portionsangaben
Sofern nicht anders angegeben, sind alle Rezepte für 1 Person berechnet. Ausnahmen sind im Rezeptkopf angegeben.

Die Zubereitungszeiten
Die in jedem Rezeptkopf angegebene Zubereitungszeit umfaßt die Vorbereitungs- und Garzeit. Eventuelle Sonderzeiten, wie Zeit zum Ruhen, Quellen oder Marinieren, werden extra ausgewiesen und müssen hinzugerechnet werden. Alle Zeitangaben beruhen auf durchschnittlichen Erfahrungswerten. Abweichungen können je nach Geschirr und Herd auftreten.

Damit Sie auf den ersten Blick erkennen, zu welcher der drei Gruppen ein jeweiliges Gericht zählt, haben wir neben den Rezeptnamen die Charakteristika in verschiedenen Farben abgedruckt.

= Kohlenhydratgericht
= Eiweißgericht
= neutrales Gericht

Die Abkürzungen

EL	=	Eßlöffel (gestrichen)
TL	=	Teelöffel (gestrichen)
geh.	=	gehäufter
Msp.	=	Messerspitze
Bd.	=	Bund
P.	=	Päckchen
ml	=	Milliliter
kcal	=	Kilokalorien
TK-...	=	Tiefkühl-...
Fett i.Tr.	=	Fett in der Trockenmasse

Trennkost gehört seit Jahren zu den beliebtesten Ernährungsformen zur Gewichtsreduzierung und ist hauptsächlich in diesem Zusammenhang auch bei uns bekannt geworden. Um keine Irrtümer aufkommen zu lassen: Die original Haysche Trennkost ist eigentlich keine Form der Diät, sondern lediglich eine Ernährungsumstellung, die ein Leben lang praktiziert werden kann, ohne daß Mangelerscheinungen auftreten. Wie schon erwähnt, wurde das Prinzip der Trennkost von dem amerikanischen Arzt Howard Hay entwickelt. Dieser litt an einer schweren Nierenerkrankung, die zunächst unheilbar erschien. In seiner Not beschäftigte er sich ganz genau mit der Funktionsweise des menschlichen Organismus und stellte dabei fest, daß die chemische Zusammensetzung des Körpers zu 80 Prozent aus basischen und zu 20 Prozent aus sauren Elementen besteht. Entsprechend diesem Verhältnis stellte er seine tägliche Nahrung zusammen und aß in der Hauptsache basenbildende und weniger säurebildende Lebensmittel. Indem er darüber hinaus die kohlenhydratreichen Lebensmittel von den eiweißreichen trennte und die beiden Gruppen nicht mehr zur gleichen Zeit aß, erreichte er eine bessere Verdauung der Nahrung. Mit der Zeit gelang es ihm so, sein Leiden zu heilen.

Das Prinzip der Trennkost beruht also auf der zeitlich getrennten Aufnahme und Verdauung von Eiweiß und Kohlenhydraten. Die Verwertung dieser beiden Nährstoffgruppen erfolgt im Magen-Darm-Trakt an verschiedenen Stellen und mit Hilfe von unterschiedlichen Enzymen. Die Trennung der Eiweißgruppe von der Kohlenhydratgruppe führt damit zu einer Ordnung des Verdauungsvorgangs. Beschwerden wie Sodbrennen, Blähungen, schlechte Verdauung und Darmträgheit, die durch eine Übersäuerung im Körper hervorgerufen werden, lassen sich dadurch vermeiden.

Außer in der Regulation des Säuren-Basen-Gleichgewichts im Körper liegt das Ziel der Trennkost auch in der Verwendung möglichst vieler naturbelassener Lebensmittel. Vor allem der weit verbreitete übermäßige Verzehr von Fleisch, Eiern, Käse, aber auch poliertem Reis, geschältem Getreide und Zucker soll vermieden werden, um eine schädliche Übersäuerung des Körpers zu vermeiden. Dr. Hay hat die positiven Auswirkungen seiner Ernährungslehre am eigenen Leib erfahren, und sein Trennkostprinzip hat unzähligen Menschen geholfen, ihre Ernährung zu ihrem Wohl umzustellen.

Die Trennung der Lebensmittel

Auf den Seiten 6 und 7 finden Sie einen Trennungsplan, der Ihnen den Einstieg in die Trennkost erleichtern soll. Grundsätzlich werden die Lebensmittel jedoch in drei Gruppen eingeteilt.

• Die Eiweißgruppe enthält Lebensmittel, die besonders eiweißreich sind.
• Die Kohlenhydratgruppe enthält besonders kohlenhydratreiche Lebensmittel.
• Die neutrale Gruppe enthält Lebensmittel, die weder die Eiweiß- noch die Kohlenhydratverdauung stören. Sie harmonieren sowohl mit der Eiweißgruppe als auch mit der Kohlenhydratgruppe und können ganz nach Geschmack kombiniert werden.

Die Einteilung der Lebensmittel erscheint Ihnen möglicherweise an manchen Stellen willkürlich. Sie basiert jedoch auf langjähriger Erfahrung. Wenn Sie sich einige Zeit nach der Trennkost ernährt haben, wird Ihnen die Aufteilung der Lebensmittel in die verschiedenen Gruppen in »Fleisch und Blut« übergehen, so daß Sie den Trennungsplan nur noch selten zur Hilfe nehmen müssen.

Der Umschalttag
Bevor Sie mit der Ernährung nach den Prinzipien der Trennkost beginnen, sollten Sie einen sogenannten Umschalttag einlegen. Dadurch regen Sie Ihren Stoffwechsel an und sorgen für eine gründliche Entschlackung. Nachfolgend finden Sie verschiedene Vorschläge für einen Umschalttag. Achten Sie dabei in jedem Fall auf eine ausreichende Flüssigkeitszufuhr (ca. 2 bis 3 Liter pro Tag) in Form von natriumarmem, stillem Mineralwasser oder Kräuter- bzw. Früchtetee.

Gemüse-Salat-Tag
Essen Sie Salat und Gemüse in roher oder leicht gedünsteter Form. Dabei können Sie Salat und Gemüse in beliebiger Menge zu sich nehmen. Garen Sie das Gemüse ohne Fett und Salz in etwas Gemüsebrühe.

Obsttag
Bis 15 Uhr essen Sie so viel frisches Obst aus der Eiweißgruppe, wie Sie wollen. Ab 17 Uhr können Sie zwischen 2 Bananen oder 2 großen gegarten Pellkartoffeln auswählen.

Kartoffel-Gemüse-Suppen-Tag
Kochen Sie für diesen Tag eine Gemüsesuppe aus 3 Kartoffeln, 3 Zwiebeln, 3 Stangen Lauch, 1 Stück Knollensellerie und 3 Möhren. Geben Sie das gewaschene und zerkleinerte Gemüse zusammen mit frischen Kräutern und Gewürzen in einen Topf, füllen Sie mit Wasser auf und lassen Sie alles zugedeckt bei mittlerer Hitze kochen. Schmecken Sie die Suppe mit etwas Gemüsebrühe ab, und essen Sie sie über den Tag verteilt.

Tips zum Umgang mit der Trennkost
• Bereichern Sie vor allem Ihre Eiweißmahlzeit durch einen hohen Anteil an neutralem Gemüse oder Salat, damit Sie genügend basenbildende Nahrungsmittel zu sich nehmen.
• Verzehren Sie innerhalb einer Mahlzeit nur eine Eiweiß- oder Kohlenhydratart, z. B. Fisch oder Fleisch bzw. Vollkornnudeln, Reis oder Kartoffeln.
• Nehmen Sie die Kohlenhydratmahlzeit bevorzugt abends zu sich, da Kohlenhydrate leichter verdaulich sind als Eiweiß.
• Die Trennkost bietet eine gute Gelegenheit, um abzunehmen. Sie essen viele pflanzliche Lebensmittel, die reich an Ballaststoffen sind und somit gut sättigen. Beachten Sie die Kalorienangaben in unseren Rezepten, und gehen Sie sparsam mit Fetten um.
• Verwenden Sie Gemüse, Obst, Kartoffeln sowie Fleisch und Fisch möglichst frisch und naturbelassen. So bleibt der volle Wert der Nahrung erhalten.

Der folgende Trennungsplan hilft Ihnen, die Nahrungsmittel in die Eiweiß-, Kohlenhydrat- und neutrale Gruppe einzuteilen. Bei der Zusammenstellung Ihrer Mahlzeiten können Sie nun
• Lebensmittel aus der Eiweißgruppe mit denen aus der neutralen Gruppe kombinieren
• Lebensmittel aus der Kohlenhydratgruppe und solche aus der neutralen Gruppe wählen.

Eiweißgruppe
gegarte Fleischsorten: Rind: Bratenfleisch, Rouladen, Gulasch, Steaks, Hackfleisch, Geschnetzeltes; Lamm: Koteletts, Keule, Rücken; Schweinefleisch zählt auch zur Eiweißgruppe, ist jedoch nicht empfehlenswert;
gegarte Geflügelsorten: Putenrollbraten, Putenschnitzel, Putenbrust, Hähnchen, Hühnerbrust, Gans, Ente, Poularde;
gegarte Wurstsorten: z. B. Bratwurst, Fleischwurst, Leberkäse, Rindwurst, Corned beef, gekochter Schinken, Geflügelwurst; Wurstwaren aus Schweinefleisch sollten nicht verzehrt werden;
ungeräucherte, gegarte Fischsorten: z. B. Seelachs, Kabeljau, Lachs, Rotbarsch, Heilbutt, Thunfisch, Makrele, Hering, Forelle, Hecht, Scholle sowie gegarte Schalen- und Krustentiere (Meeresfrüchte), z. B. Muscheln, Garnelen, Krebs, Hummer;
Sojaprodukte: z. B. Sojasauce, Tofu, mit Soja hergestellte Brotaufstriche;
Eier;
Milch;
Käsesorten mit höchstens 50% Fett i.Tr.: z. B. Parmesan, Edamer, Gouda, Tilsiter;
gekochte Tomaten;

folgende Getränke: Früchtetee, Apfelwein, herber Weiß- oder Rotwein, herber Rosé, trockener Sekt, Obstsäfte;
Beerenfrüchte (außer Heidelbeeren): z. B. Erdbeeren, Himbeeren, Preiselbeeren; **Kernobstsorten (außer mürben, süßen Äpfeln):** z. B. säuerliche Äpfel, Birnen, Quitten;
Steinobstsorten: z. B. Pfirsiche, Aprikose und Kirschen; Weintrauben;
Zitrusfrüchte: z. B. Orangen, Zitronen, Grapefruits;
exotische Obstsorten (außer Bananen, frischen Feigen, Datteln): z.B. Mangos, Maracujas, Papayas und Ananas.

Neutrale Gruppe
Fette (außer gehärtete und weiße, feste Fette, sog. Plattenfette): z. B. kaltgepreßte Öle, ungehärtete Margarinesorten mit hohem Anteil an mehrfach ungesättigten Fettsäuren (aus dem Reformhaus), Butter; auch schmalzähnlicher, pflanzlicher Brotaufstrich (aus Reformhaus oder Bioladen);
gesäuerte Milchprodukte: z. B. Joghurt, saure Sahne, Quark, Buttermilch, Dickmilch, Kefir, Molkosan;
süße Sahne und Kaffesahne;
Käsesorten mit mindestens 60% Fett i.Tr.: z. B. Doppelrahmfrischkäse, Butterkäse, Camembert, Rahm- und Butterrahmkäsesorten;
Weißkäsesorten: z. B. Schafs- und Ziegenkäse, Mozzarella, körniger Frischkäse;
rohe, geräucherte Wurstwaren: z. B. Bündner Fleisch, roher Schinken, Salami (alles möglichst nicht aus Schweinefleisch);
rohes Fleisch z. B. Tartar;
rohe, marinierte oder geräucherte Fisch-

sorten: z. B. Schillerlocken, geräucherter Bückling, geräucherter Aal, geräucherte Makrele oder Forelle, Räucherlachs, Matjeshering und Bismarckhering;
folgende Gemüsesorten: Auberginen, Artischocken, Avocados, Blattsalate, Brokkoli, Blumenkohl, grüne Bohnen, Chicorée, Chinakohl, grüne Erbsen, Fenchel, Gurken, Knoblauch, Kohlrabi, Lauch, frischer Mais, Mangold, Möhren, Paprikaschoten, Peperoni, Radieschen, Rettich, rote Bete, Rosenkohl, Rotkohl, Sauerkraut, Sellerie, Spargel, Spinat, rohe Tomaten, Weißkohl, Wirsing, Zwiebeln, Zucchini;
Pilze: z. B. Champignons, Austernpilze, Pfifferlinge, Steinpilze;
alle Sprossen und Keime;
Kräuter, Gewürze und Zitronenschale;
Nüsse (außer Erdnüsse) und Samen: z. B. Hasel- und Walnüsse, Mandeln, Kokosraspeln, Sesam, Mohn;
Heidelbeeren;
ungeschwefelte Rosinen;
Oliven;
Eigelb;
Hefe;
Gemüsebrühe;
klare, hochprozentige Spirituosen;
Kräutertees;
Geliermittel: z. B. Gelatine, Agar-Agar, pflanzliche Bindemittel aus Johannisbrotkernmehl (aus dem Reformhaus oder Naturkostladen).

Kohlenhydratgruppe
Vollkorngetreide: z. B. Weizen, Roggen, Dinkel, Hafer, Gerste, Hirse, Grünkern, getrockneter Mais, Naturreis, Buchweizen;
Vollkorngetreideerzeugnisse: z. B. Vollkornbrot und -brötchen, Kuchen aus Vollkornmehl, Vollkornnudeln ohne Ei, Vollkorngrieß;

Kartoffeln;
folgende Gemüsesorten: Topinambur, Grünkohl, Schwarzwurzeln;
folgende Obstsorten: Bananen, mürbe, süße Äpfel, frische Feigen und frische Datteln, ungeschwefeltes Trockenobst; **folgende Süßungsmittel:** Frutilose, Honig, Ahornsirup, Birnen- und Apfeldicksaft;
Kartoffelstärke;
Weinsteinbackpulver;
Puddingpulver (ohne Farbstoff);
Carobe (gemahlene Frucht des Johannisbrotbaumes);
Bier.

Bitte meiden Sie:
weißes Mehl und daraus hergestellte Produkte, z. B. süße und pikante Backwaren, Nudeln, polierten Reis;
Zucker, Süßstoffe und daraus hergestellte Produkte, z. B. Süßwaren, Marmeladen und süße Brotaufstriche;
Fertiggerichte und Konserven;
getrocknete Hülsenfrüchte, z. B. Bohnen, Erbsen und Linsen;
Erdnüsse;
Preiselbeeren;
Schweinefleisch und rohes Fleisch;
Wurstwaren;
rohes Eiweiß;
fertige Mayonnaise;
Essig;
gehärtete Fette, z. B. herkömmliche Margarinesorten sowie feste, weiße Fritier- und Bratfette (Plattenfette); schwarzen Tee, Bohnenkaffee, Kakao und hochprozentige Spirituosen.

1. Das Mehl mit dem Backpulver in einer Schüssel vermischen. In die Mitte eine Vertiefung drücken. Das Eigelb, das Salz, die Sahne und die Rosinen zusammen mit 6 Eßlöffel Wasser in die Mulde geben und alles zu einem geschmeidigen Teig verrühren.

2. Den Backofen auf 180 °C vorheizen. Inzwischen aus dem Teig 4 kleine Brötchen formen.

3. Ein Backblech gut einfetten und die Brötchen darauf setzen. Das Eigelb verrühren und die Brötchen damit bestreichen.

4. Die Brötchen auf der obersten Schiene 12 bis 15 Minuten backen. 2 Brötchen nach dem Backen essen, die beiden restlichen in Frischhaltefolie einwickeln und am nächsten Tag verzehren.

(auf dem Foto links)

ca. 30 Minuten
ca. 950 kcal

- 150 g feines Dinkel-Vollkornmehl
- 1/2 P. Weinsteinbackpulver
- 1 frisches Eigelb
- 3/4 TL Meersalz
- 3 EL süße Sahne
- 3 EL Rosinen
- etwas Butter für die Form
- 1 frisches Eigelb zum Bestreichen

GRAPEFRUITMÜSLI *fruchtig · herb*

1. Die Mandeln in einer beschichteten Pfanne ohne Fettzugabe kurz anrösten und abkühlen lassen.

2. Inzwischen die Grapefruit schälen, in Spalten teilen und diese gegebenenfalls sorgfältig von zu starken Trennhäuten befreien. Die Grapefruitfilets in eine kleine Schüssel geben.

3. Den Joghurt mit der Frutilose cremig rühren und alles über die Grapefruitfilets geben. Zuletzt das Müsli mit den gerösteten Mandeln bestreuen.

Tip
Dieses Müsli eignet sich sehr gut als kleiner Snack im Büro, weil es vitaminreich ist, ohne den Magen zu belasten. Rösten Sie die Mandeln am Morgen, ehe Sie das Haus verlassen und bewahren Sie die gerösteten Mandelsplitter in einer gut schließenden Kunststoffbox auf. Auch die Grapefruit können Sie zu Hause vorbereiten.

ca. 10 Minuten
ca. 340 kcal

- 2 EL gehackte Mandeln
- 1 Grapefruit
- 150 g Joghurt, 3,5% Fett
- 1 EL Frutilose

| ca. 5 Minuten |
| ca. 540 kcal |

- 1 Becher Joghurt (150g), 3,5 % Fett
- 1 EL Ahornsirup
- 2 EL Rosinen
- 1 EL Haferflocken
- 1 EL Kürbiskerne
- 1 EL Sonnenblumenkerne
- 2 EL gehackte Mandeln

1. Den Joghurt in eine Schale geben und mit dem Ahornsirup verrühren.

2. Die Rosinen heiß waschen und gut abtropfen lassen. Die Rosinen zusammen mit den Haferflocken, den Kürbiskernen, den Sonnenblumenkernen und den gehackten Mandeln unter den Joghurt mischen.

Variation
Süßen Sie das Müsli anstatt mit Ahornsirup mit je 1 Eßlöffel Sanddornsaft und Honig.

Tip
Anstelle der Mandeln können Sie jede beliebige Sorte von Nüssen verwenden.

| ca. 15 Minuten |
| ca. 510 kcal |

- 4 EL Sprossen (z. B. Mungobohnenkeimlinge, Linsensprossen, Sojabohnensprossen)
- 1/2 Banane
- 1/2 mürber Apfel (z. B. Cox Orange)
- 1 EL gehackte Mandeln
- 1 EL Sonnenblumenkerne
- 125 g Sahnedickmilch
- 2 TL Ahornsirup
- 1 EL Rosinen

1. Alle Sprossen gut abspülen und in die Mitte einer Müslischale legen.

2. Die Banane schälen und in Scheiben schneiden. Den Apfel waschen, vierteln, entkernen. Die Apfelviertel längs halbieren und in feine Schnitze schneiden. Das Obst zu den Sprossen geben.

3. Die Mandeln mit den Sonnenblumenkernen in einer beschichteten Pfanne ohne Fettzugabe kurz anrösten, bis sie zu duften beginnen.

4. Inzwischen die Sahnedickmilch mit dem Schneebesen cremig rühren und den Ahornsirup daruntermischen.

5. Die Dickmilch-Ahornsirupmasse über die Sprossen gießen. Zuletzt alles mit den gerösteten Kernen und den Rosinen bestreuen.

Tip
Frische Sprossen gibt es inzwischen auch in gutsortierten Supermärkten. Sojabohnensprossen finden Sie regelmäßig in Spezialgeschäften für asiatische Lebensmittel, wie sie in den meisten größeren Städten zu finden sind. Am frischesten sind aber selbstgezogene Sprossen.

NUSSMÜSLI MIT JOGHURTSAUCE *mild · nussig*

1. Die Mandeln und Nüsse zusammen mit den Sonnenblumenkernen und dem Sesam im einer beschichteten Pfanne ohne Fettzugabe kurz rösten und dann mit den Haferflocken vermischen.

2. Den Joghurt mit dem Ahornsirup cremig rühren. Den Apfel auf einer Rohkostreibe direkt in den Joghurt raspeln und verrühren.

3. Die Joghurtsauce über das Nußmüsli gießen und zuletzt alles mit den gewaschenen Rosinen bestreuen.

(auf dem Foto oben)

Variation
Ahornsirup läßt sich stets durch die gleiche Menge Honig ersetzen. Wenn Sie den Honig in einem kleinen Töpfchen leicht erwärmen, fließt er besser.

ca. 15 Minuten

ca. 670 kcal

- 2 EL gehackte Mandeln
- 6 Haselnußkerne
- 1 EL Sonnenblumenkerne
- 1 EL Sesam
- 40 g Haferflocken
- 150 g Joghurt (150g), 3,5 % Fett
- 1 EL Ahornsirup
- 1 kleiner, mürber Apfel (z. B. Cox Orange)
- 1 EL Rosinen

pikant · aromatisch   ## ZIGEUNERFRÜHSTÜCK

ca. 10 Minuten

ca. 480 kcal

- 6 schwarze Oliven
- 1 kleine reife Avocado
- 1 Knoblauchzehe
  (nach Belieben)
- 1/2 TL Kräutersalz
- 1 Vollkornbrötchen
- 2 Dillzweige

1. Nur 4 Oliven entsteinen und sehr fein hacken. Die beiden anderen beiseitelegen.

2. Die Avocado halbieren und den Kern entfernen. Das Fruchtfleisch mit einem Löffel herausschaben und mit einer Gabel zerdrücken.

3. Die Knoblauchzehe schälen und durch die Presse zur Avocadomasse drücken. Die Olivenwürfel dazu geben und die Masse gut vermischen. Die Creme mit dem Kräutersalz abschmecken.

4. Das Brötchen halbieren, beide Hälften toasten und mit der Avocadocreme gleichmäßig bestreichen.

5. Zuletzt die Dillzweige waschen und trockenschütteln. Die beiden Brötchenhälften mit je einem Dillzweig und einer Olive garnieren.

KRÄUTERQUARK MIT KÜRBISKERNEN   *kernig · würzig*

1. Den Quark mit dem Mineralwasser glattrühren, das Salz dazu geben und unter den Quark rühren.

2. Die Kräuter waschen, trockenschütteln und fein hacken. Die Kräuter unter den Quark mischen.

3. Das Brot mit der Butter bestreichen. Den Quark auf dem Brot verteilen und zum Schluß mit den Kürbiskernen bestreuen.

Variation
Bei der Zubereitung von Kräuterquark sind Ihrer Phantasie keine Grenzen gesetzt. Verwenden Sie zur Abwechslung einmal Schnittlauch und Schalotten, ein andermal Basilikum und Knoblauch. Kräuterquark schmeckt auch zu Pellkartoffeln.

ca. 10 Minuten

ca. 330 kcal

- 100 g Quark, 20 % Fett i. Tr.
- 3 EL Mineralwasser
- etwas Meersalz
- 3 EL Kräuter (Sauerampfer, Pimpernelle, Kerbel, Petersilie)
- 1 Scheibe Vollkornbrot
- 1 TL Butter
- 1 EL Kürbiskerne

deftig · rustikal **KÄSEBROT**

ca. 15 Minuten

ca. 360 kcal

- 3 Radieschen
- 40 g Camembert
  60 % Fett i. Tr.
- 1 Scheibe Vollkorn-
  brot
- 2 TL Butter
- 2 EL Schnittlauch-
  röllchen

1. Die Radieschen waschen, putzen und in dünne Scheiben schneiden. Den Käse in Scheiben schneiden.

2. Das Brot mit der Butter bestreichen und erst mit den Käse-, dann mit den Radieschenscheiben belegen.

3. Das Käsebrot mit dem Schnittlauch garnieren.

(auf dem Foto: oben)

Tip
Ob als Pausensnack in der Schule und am Arbeitsplatz oder unterwegs – ein Käsebrot schmeckt immer und läßt sich ohne Aufwand transportieren.

Variation
Für Liebhaber herzhafter Snacks empfehlen sich kräftige Schnittkäsesorten wie Greyerzer oder Appenzeller.

---

kroß · pikant **GETOASTETES KRÄUTERQUARKBRÖTCHEN**

ca. 10 Minuten

ca. 250 kcal

- 100 g Quark ,
  20 % Fett i. Tr.
- 3 EL Mineralwasser
- etwas Meersalz
- 1 kleiner Bund
  Schnittlauch
- 1 Vollkornbrötchen
- 1/2 TL edelsüßes
  Paprikapulver

1. Den Quark mit dem Mineralwasser verrühren und mit dem Salz mischen.

2. Den Schnittlauch waschen, trocken schütteln und in feine Röllchen schneiden.

3. Das Brötchen halbieren und die Hälften auf dem Brötchenaufsatz des Toastgeräts toasten.

(auf dem Foto: unten)

4. Den Quark auf den Brötchenhälften verteilen und das Ganze mit dem Paprikapulver bestreuen.

Variation
Pikant wird Ihr Kräuterquarkbrötchen, wenn Sie anstelle des süßen scharfes Paprikapulver verwenden, am besten den grob geschroteten türkischen Paprika.

| ca. 15 Minuten |
| ca. 620 kcal |

- 80 g Doppelrahm-frischkäse
- 40 g Schafskäse
- 1 Knoblauchzehe (nach Belieben)
- 5 Stengel Schnitt-lauch
- 1/2 TL Kräutersalz
- 1 große Fleischto-mate
- 4 Scheiben Baguette
- 1/2 TL Meersalz
- 12 Blättchen Basili-kum

1. Den Doppelrahmfrischkäse mit dem Schafskäse und 3 Eßlöffel Wasser cremig rühren.

2. Die Knoblauchzehe schälen und durch die Presse zur Käsemasse drücken. Den Schnittlauch sehr fein hacken und zusammen mit dem Kräutersalz zur Käsemasse geben. Das Ganze gut verrühren.

3. Die Tomate waschen, vom Stengelansatz befreien und in Scheiben schneiden.

4. Die Baguettescheiben toasten, mit dem Frischkäse bestreichen und mit den Tomatenscheiben belegen. Das Ganze leicht salzen und mit den Basilikumblättchen garnieren.

Tip
Besonders würzig werden die Baguettescheiben, wenn Sie diese in etwas Olivenöl in der Pfanne rösten.

| ca. 10 Minuten |
| ca. 380 kcal |

- 1 Vollkornbrötchen
- 3 Blätter grüner Salat
- 2 kleine Matjesfilets
- 40 g saure Sahne
- 1 Tomate
- 1 kleine Zwiebel
- 2 Dillzweige

1. Das Brötchen in der Mitte aufschneiden und die untere Hälfte mit den gewaschenen Salatblättern belegen.

2. Die Matjesfilets kalt abspülen, trockentupfen und beide auf die Brötchenhälften mit den Salatblättern legen. Die saure Sahne darauf geben.

3. Die Tomate waschen, trockenreiben und in Scheiben schneiden. Dabei den Stielansatz entfernen. Die Zwiebel schälen und in dünne Ringe schneiden.

4. Die Tomatenscheiben und die Zwiebelringe auf die Matjesfilets legen und alles mit dem Dill garnieren. Das Ganze mit der zweiten Brötchenhälfte bedecken.

Variation
Lassen Sie Tomate, Zwiebel und Dill weg. Legen Sie statt dessen eine in schmale Streifen geschnittene Gewürzgurke und ein paar Kapern auf die Matjesfilets.

Tip:
Essen Sie als Vorspeise einen neutralen Tomatensalat.

VEGETARISCHER TOAST *knackig · fein*

1. Die Zwiebel schälen, den Lauch putzen und beides in dünne Ringe schneiden. In einer kleinen Pfanne das Öl erhitzen, das Gemüse darin andünsten und mit der Instantbrühe würzen.

2. In der Zwischenzeit die Möhre schälen, waschen und in feine Stifte hobeln. Den Backofen auf 180 °C vorheizen.

3. Die Brotscheiben toasten und mit den gedünsteten Lauch- und Zwiebelringen belegen. Das Ganze mit den Möhrenraspeln und den gehackten Nüssen bestreuen.

4. Den Käse in Streifen schneiden, auf den Broten verteilen und alles im Backofen etwa 8 Minuten überbacken.

(auf dem Foto oben)

Tip:
Essen Sie dazu einen kleinen neutralen Salat, z. B. einen Rote-Bete-Salat

| ca. 25 Minuten |
| ca. 580 kcal |

- 1 Zwiebel
- 1 mittelgroße Stange Lauch
- 1 EL kaltgepreßtes Sonnenblumenöl
- 1 TL vegetarische Gemüsebrühe (Instant)
- 1 große Möhre
- 2 Scheiben Toast
- 2 EL gehackte Walnüsse
- 40 g Camembert, (60 % Fett i. Tr.)

SÜSSER HIRSEBREI MIT ROSINEN

mild · cremig

ca. 10 Minuten

ca. 410 kcal

- 3 EL süße Sahne
- 50 g feingemahlene Hirse
- 2 EL Rosinen
- 1 EL Ahornsirup

1. Die Sahne zusammen mit 1/4 Liter Wasser in einem kleinen Topf auf niedriger Flamme erwärmen.

2. Das Hirsemehl unter Rühren vorsichtig in die heiße Flüssigkeit einstreuen. Dabei ständig mit dem Schneebesen rühren. Dann die Rosinen dazu geben und alles kurz aufkochen lassen, bis der Brei andickt.

3. Den Hirsebrei nach Geschmack mit Ahornsirup süßen.

(auf dem Foto: oben)

Tip
Der süße Hirsebrei läßt sich mit den meisten Früchten kombinieren. Probieren Sie ihn zum Beispiel mit frischen, leicht gezuckerten Erdbeeren. Bei Verwendung von sehr saurem Beerenobst, etwa Johannisbeeren, müssen Sie die Sirupmenge erhöhen.

GETOASTETES BANANENBROT

süßlich · leicht

ca. 10 Minuten

ca. 290 kcal

- 1 Scheibe Vollkornbrot
- 1 TL Butter
- 80 g Hüttenkäse
- 1/2 Banane

1. Das Brot im Toaster kurz anrösten und dünn mit der Butter bestreichen.

2. Den Hüttenkäse gleichmäßig auf das Butterbrot streichen.

3. Die Banane schälen und in dünne Scheiben schneiden. Die Bananenscheiben auf das Hüttenkäsebrot legen.

(auf dem Foto: unten)

Variation
Wenn Ihnen dieses Gericht zu mild im Geschmack ist, verleihen Sie ihm eine fernöstliche Note: Schmecken Sie den Hüttenkäse mit etwas Sojasauce ab und bestreuen Sie das fertige Bananenbrot mit Currypulver.

fruchtig · herb   ## ERDBEEREN MIT SAHNEDICKMILCH

| ca. 20 Minuten |
| ca. 270 kcal |

- 200 g Erdbeeren
- 2 EL Ahornsirup
- 100 g Sahnedickmilch

1. Die Erdbeeren waschen, den Stielansatz entfernen, kleinschneiden und in eine Schüssel geben. Die Früchte mit dem Ahornsirup beträufeln und etwas ziehen lassen.

2. Die Sahnedickmilch mit dem Schneebesen cremig schlagen und unter die Erdbeeren rühren.

Variation
Sahnedickmilch läßt sich mit verschiedenen Obstsorten kombinieren. Beerenobst und Steinobst eignen sich am besten. Bestreuen Sie das Gericht mit Mandelsplittern.

SCHLEMMERJOGHURT MIT ORANGEN *cremig · fruchtig*

1. Die Gelatineblätter etwa 10 Minuten in etwas kaltem Wasser quellen lassen.

2. Inzwischen die Orange mit einem scharfen Messer so schälen, daß die weißen Häutchen, die das Fruchtfleisch überziehen, mit abgeschnitten werden. Die Filets herausschneiden und klein schneiden. Den Saft dabei auffangen.

3. Die verbleibenden Fruchtreste ausdrücken und den gesamten Orangensaft in einen kleinen Topf geben.

4. Die Orangenstücke unter den Joghurt geben und alles mit der Frutilose süßen.

5. Die Gelatineblätter ausdrücken, zu dem Orangensaft in den Topf geben und das Ganze unter Rühren vorsichtig erwärmen, bis sich die Gelatine vollständig gelöst hat. Die Gelatine unter Rühren zum Joghurt geben.

6. Das Dessert in ein großes Glas füllen, im Kühlschrank etwa 2 Stunden festwerden lassen und mit den Minzeblättchen garnieren.

ca. 15 Minuten

ca. 230 kcal

- 2 Blatt weiße Gelatine
- 1 Orange
- 150 g Joghurt, 3,5 % Fett
- 1 EL Frutilose
- 3 frische Minzeblättchen

HIRSEJOGHURT MIT HEIDELBEEREN

ca. 35 Minuten
ca. 350 kcal

- 40 g Hirse
- 100 g Heidelbeeren
- 150 g Joghurt, 3,5 % Fett i. Tr.
- 1 EL Ahornsirup

1. Die Hirse heiß abspülen und in 200 ml Wasser aufkochen lassen. Die Hirse dann bei geringster Hitze etwa 30 Minuten ausquellen lassen, vom Feuer nehmen und kühl stellen.

2. In der Zwischenzeit die Heidelbeeren waschen und verlesen. Die Früchte mit einer Gabel zerdrücken und zum Joghurt geben.

3. Die abgekühlte Hirse ebenfalls zum Joghurt geben. Das Ganze gut verrühren und nach Geschmack mit Ahornsirup süßen.

Tip
Dieses Gericht ist ein idealer Pausensnack fürs Büro. Sie können es gut am Vortag zubereiten und bis zum Verzehr im Kühlschrank aufbewahren.

SAHNEREIS MIT HEIDELBEERSAUCE

ca. 10 Minuten
ca. 380 kcal

Für den Reis:
- 50 g Naturrundkornreis
- 50 ml süße Sahne

Für die Sauce:
- 125 g frische Heidelbeeren (ersatzweise TK-Heidelbeeren)
- 2 EL Ahornsirup

1. Den Reis in einen Topf geben und soviel Wasser auffüllen, daß er vollständig bedeckt ist. Den Reis mindestens 8 Stunden quellen lassen.

2. Das Wasser abgießen und den Reis mit der Sahne und 125 ml Wasser im geschlossenen Topf auf kleiner Flamme etwa 25 Minuten garen. Den gegarten Reis in einer Schüssel zugedeckt abkühlen lassen.

3. In der Zwischenzeit die Heidelbeeren waschen und verlesen. Einige Beeren zum Garnieren beiseite legen und die übrigen zusammen mit dem Ahornsirup mit dem Mixstab fein pürieren.

4. Den Reis in einer Dessertschale anrichten, mit der Heidelbeersauce begießen und mit den übrigen Heidelbeeren garnieren.

APFELKOMPOTT

fruchtig · würzig

1. Die Äpfel vierteln, schälen und die Kerngehäuse entfernen. Die Apfelstücke zusammen mit 150 ml Wasser in einen Topf geben und aufkochen lassen. Den Zimt dazu geben und alles etwa 10 Minuten leicht köcheln lassen.

2. Das Apfelkompott in eine Glasschale geben, mit der Frutilose leicht süßen und abkühlen lassen.

(auf dem Foto oben)

Tip
Wenig gesüßtes Apfelkompott eignet sich sehr gut als Beilage zu pikanten Speisen, etwa Kartoffelpuffern. Die Kombination mit Fleischgerichten ist im Rahmen der Trennkost aber nicht zulässig.

ca. 30 Minuten

ca. 340 kcal

- 4–5 mürbe Äpfel (ca. 500 g küchenfertig)
- 1/2 TL gemahlener Zimt
- 2 EL Frutilose

kernig · sättigend ## HAFERVOLLKORNMÜSLI MIT APRIKOSEN

| ca. 10 Minuten |
| ca. 490 kcal |

- 3 ungeschwefelte Trockenaprikosen
- 50 g Haferkörner
- 125 g Buttermilch
- 2 TL flüssiger Honig
- 2 EL Sonnenblumen-kerne

1. Die Aprikosen in wenig Wasser über Nacht quellen lassen, dann aus dem Wasser nehmen und beiseite legen. Das Einweichwasser aufheben.

2. Die Haferkörner in einem Flocker zu Flocken zerquetschen. Die Haferflocken in eine kleine Schüssel geben und mit der Buttermilch und dem Aprikosenwasser verrühren.

3. Die eingeweichten Aprikosen in kleine Würfel schnei-den, zum Müsli geben und alles mit dem Honig süßen.

4. Die Sonnenblumenkerne in einer beschichteten Pfanne ohne Fettzugabe kurz anrösten und über das Müsli streuen.

Tip
Flocker gibt es in den meisten Naturkostläden zu kaufen. Die Anschaffung lohnt aber nur, wenn Sie regelmäßig Getreide-flocken selbst herstellen. Sonst können Sie ebensogut ein Fertig-produkt verwenden.

SÜSSE HAFERPUFFER *knusprig · ungewöhnlich*

1. Den Quark mit dem Eigelb und der Frutilose cremig rühren.

2. Die Rosinen waschen und zusammen mit den Sonnenblumenkernen und den Mandeln zum Quark geben.

3. Die Haferflocken unter den Quark heben, alles gut vermischen und den Teig etwa 10 Minuten quellen lassen.

4. Kurz vor Ende der Quellzeit den Apfel waschen und auf einer Rohkostreibe bis zum Kerngehäuse abraspeln.

Die Raspeln sofort unter den Teig mischen.

5. Das Öl in einer beschichteten Pfanne erhitzen. Den Teig in 4 Portionen in die Pfanne geben, platt drücken und die 4 Puffer von einer Seite knusprig braten. Die Puffer wenden und noch einmal 1 bis 2 Minuten braten.

Tip
Servieren Sie die Haferpuffer mit einem Apfelkompott von mürben Äpfeln (siehe Seite 23)

ca. 25 Minuten

ca. 890 kcal

- 125 g Quark
- 1 frisches Eigelb
- 1 EL Frutilose
- 2 EL Rosinen
- 1 EL Sonnenblumenkerne
- 10 Mandeln
- 50 g Haferflocken
- 1 mürber Apfel
- 2 EL kaltgepreßtes Sonnenblumenöl

1. Das Suppengrün putzen, waschen und fein würfeln. Die Tomate waschen, halbieren und den Stielansatz entfernen.

2. Die Zwiebel schälen, klein würfeln und in der Butter leicht bräunen. Inzwischen die Knoblauchzehe schälen. Die Gemüsewürfel und die Tomatenhälften sowie die Knoblauchzehe zu den Zwiebeln geben und das Ganze mit der Brühe auffüllen.

3. Die Suppe etwa 20 Minuten köcheln lassen, dann alles durch ein Passiersieb abgießen.

4. Die klare Brühe nochmals erhitzen, vom Feuer nehmen und das Eigelb hineingleiten lassen. Den Liebstöckel fein hacken und auf die Suppe streuen.

(auf dem Foto links)

ca. 30 Minuten

ca. 230 kcal

- 1 Bund Suppengrün
- 1 Tomate
- 1 kleine Zwiebel
- 1 TL Butter
- 1 Knoblauchzehe
- 400 ml vegetarische Gemüsebrühe (Instant)
- 1 frisches Eigelb
- 2 Stengel Liebstöckel

TOMATENSUPPE *fruchtig · pikant*

1. Die Tomaten waschen, halbieren, vom Stielansatz befreien. Etwas Wasser in einem Topf erhitzen, die Tomaten dazu geben und etwa 5 Minuten kochen.

2. In der Zwischenzeit die Zwiebel schälen, fein hacken und in dem Öl glasig dünsten.

3. Die gekochten Tomaten durch ein Sieb streichen, mit der Tomatenbrühe zu den Zwiebeln geben und das Ganze kurz aufkochen lassen.

4. Die Tomatensuppe mit dem Mixstab pürieren und mit dem Cayennepfeffer, der Brühe und der Frutilose pikant abschmecken. Die Sahne einrühren.

5. Die Basilikumblättchen fein hacken und die Tomatensuppe damit bestreuen.

Variation
Pressen Sie eine Knoblauchzehe zu den Zwiebeln und dünsten Sie diese kurz mit. Verfeinern Sie das Ganze mit 1/2 Schnapsglas Gin.

ca. 15 Minuten

ca. 390 kcal

- 400 g reife Tomaten
- 1 Gemüsezwiebel
- 2 TL kaltgepreßtes Sonnenblumenöl
- 1 Msp. Cayennepfeffer
- 2 TL vegetarische Gemüsebrühe (Instant)
- 1 TL Frutilose
- 2 EL süße Sahne
- 3 Basilikumblättchen

mild · preiswert **BLUMENKOHLSUPPE**

ca. 25 Minuten
ca. 150 kcal

- 1/2 **Blumenkohl (ca. 200 g küchenfertig)**
- 2 TL **vegetarische Gemüsebrühe (Instant)**
- 2 EL **süße Sahne**
- 1 Bund **Petersilie**

1. Den Blumenkohl putzen, waschen und in kleine Röschen teilen.

2. Den Blumenkohl mit etwa 1/2 Liter Wasser aufkochen, mit der Instantbrühe würzen und etwa 15 Minuten köcheln lassen.

3. Die Suppe mit dem Mixstab pürieren und mit der Sahne verfeinern.

4. Die Petersilie fein hacken und vor dem Servieren über die Suppe streuen.

(auf dem Foto rechts)

Tip
Kochen Sie einen ganzen Blumenkohl. Verdoppeln Sie dazu die Mengen von Wasser und Instantbrühe. Nehmen Sie die Hälfte des Gemüses vor dem Pürieren aus dem Topf und bereiten Sie daraus nach dem Abkühlen einen Salat.

erfrischend · pikant **KALTE GURKENSUPPE**

ca. 15 Minuten
ca. 200 kcal

- 125 g **Salatgurke**
- 1/2 TL **Meersalz**
- 250 g **Joghurt, 3,5% Fett i. Tr.**
- 1 **Knoblauchzehe (nach Belieben)**
- 1/2 Bund **Dill**

1. Die Gurke grob raspeln und leicht salzen.

2. Den Joghurt mit dem Schneebesen glattrühren und die Gurkenraspeln dazu rühren. Die Knoblauchzehe durch die Presse drücken und zum Joghurt geben.

3. Den Dill waschen, fein hacken und zuletzt zur Gurkensuppe geben.

Tip
Mit einem Vollkornbrötchen serviert, gehört dieses Gericht zur Kohlenhydratgruppe.

Variation
Ersetzen Sie den Joghurt durch 2 gebrühte und enthäutete Tomaten, geben Sie diese mit 1/2 durchgepreßten Knoblauchzehe, 1 Eßlöffel Olivenöl und 100 ml kalter Gemüsebrühe zu den Gurkenraspeln. Bröseln Sie 1 Scheibe Toastbrot dazu und pürieren Sie das Ganze mit dem Mixstab. Geben Sie noch 1 Eßlöffel fein gewürfelte gelbe Paprikaschote dazu – fertig ist der berühmte Gazpacho.

GRÜNES BLÄTTERSÜPPCHEN   *würzig · raffiniert*

1. Die Möhren schälen, waschen, der Länge nach vierteln und in 5 cm lange Streifen schneiden. Die Zwiebel schälen, halbieren und sehr fein hacken.

2. Die Butter in einem Topf schmelzen lassen und darin die Möhrenstreifen und die Zwiebelwürfel leicht andünsten.

3. Das Weizenschrot über die Gemüsemasse streuen, umrühren und kurz mitdünsten

lassen, dann das Ganze mit der Gemüsebrühe ablöschen. Die Suppe noch 6 bis 8 Minuten köcheln lassen, dann die Sahne zugeben.

4. In der Zwischenzeit die Gemüseblätter waschen, trockentupfen und in grobe Streifen schneiden. Nach Ende der Garzeit die Blätterstreifen zur Suppe geben und noch etwa 1 Minute mitkochen lassen.

(auf dem Foto oben)

ca. 20 Minuten

ca. 280 kcal

- 150 g Möhren
- 1 kleine Zwiebel
- 1 TL Butter
- 2 EL feines Weizenschrot
- 350 ml vegetarische Gemüsebrühe (Instant)
- 2 EL süße Sahne
- 60 g Gemüse- oder Salatblätter (z. B. Sauerampfer oder Spinat)

ITALIENISCHES PFANNENGEMÜSE

ca. 30 Minuten
ca. 340 kcal

- 3–4 reife Tomaten
- 2 Stangen Stauden-
  sellerie
- 1 kleiner Zucchini
- 50 g Champignons
- 1 EL kaltgepreßtes
  Olivenöl
- 1 Knoblauchzehe
- 1 TL vegetarische
  Gemüsebrühe (In-
  stant)
- 1 TL Oregano
- 1 TL Rosmarinpulver
- 1 TL Thymian
- 3 EL süße Sahne
- 3 Kirschtomaten

1. Die Tomaten waschen, vierteln und mit dem Mixstab pürieren.

2. Den Staudensellerie putzen, waschen und die etwas festeren Fäden abziehen. Die Stangen in etwa 2 cm lange Stücke schneiden.

3. Den Zucchini und die Pilze waschen, putzen und in dünne Scheiben schneiden.

4. Das Öl in einer Pfanne erhitzen und darin Sellerie, Zucchini und Pilze etwa 5 Minuten unter Rühren braten. Die Knoblauchzehe dazupressen.

5. Das Tomatenpüree zusammen mit den Kräutern zum Gemüse geben und alles weitere 10 Minuten dünsten.

6. Das Pfannengemüse mit der Sahne verfeinern. Die Kirschtomaten halbieren und das Gericht damit garnieren.

BUTTERFENCHEL   *aromatisch · fein*

1. Den Fenchel putzen, das Fenchelgrün abschneiden. Die Knolle längs in dünne Streifen schneiden, das Fenchelgrün fein hacken und beiseite stellen.

2. Die Butter in einer Pfanne schmelzen lassen und das Gemüse darin anschmoren.

3. Den Fenchel mit dem Wein angießen und mit der Brühe würzen. Das Ganze zugedeckt bei nicht zu starker Hitze etwa 10 Minuten garen.

4. Das Gemüse mit der Sahne verfeinern und mit dem Fenchelgrün bestreuen.

Tip
Mit Zitronensaft, Olivenöl und etwas Salz zaubern Sie aus einer rohen, fein gehobelten Fenchelknolle einen aromatischen Salat.

> ca. 20 Minuten
>
> ca. 370 kcal

- 1 Fenchelknolle
- 2 TL Butter
- 1/8 l trockener Weißwein
- 1 TL vegetarische Gemüsebrühe (Instant)
- 2 EL süße Sahne

knackig · gesund MÖHRENSPEISE

ca. 15 Minuten
ca. 270 kcal

- 1 säuerlicher Apfel
- 1 EL Zitronensaft
- 3 Möhren
- 2 EL süße Sahne
- 5 Mandeln

1. Den Apfel waschen, trockenreiben und auf einer Rohkostreibe bis zum Kerngehäuse abraspeln. Die Apfelraspeln sofort mit dem Zitronensaft beträufeln.

2. Die Möhren putzen, schaben, waschen und ebenfalls raspeln.

3. Den geraspelten Apfel mit den Möhrenraspeln und der Sahne vermischen. Die Mandeln hacken und über die Möhrenspeise streuen.

(auf dem Foto: oben)

---

zart · delikat ITALIENISCHES BOHNENGEMÜSE

ca. 30 Minuten
ca. 300 kcal

- 250 g grüne Bohnen
- etwas Salz
- 1 Zweig Bohnenkraut
- 1 mittelgroße Zwiebel
- 1 rote Paprikaschote
- 3 vollreife Tomaten
- 2 TL Butter
- 1 TL vegetarische Gemüsebrühe (Instant)
- 1 TL getrockneter Thymian
- 1 EL Crème fraîche

1. Die Bohnen putzen, waschen und mit dem Bohnenkraut in wenig Salzwasser bei mäßiger Hitze bißfest garen.

2. In der Zwischenzeit die Zwiebel schälen und in Spalten schneiden. Die Paprikaschote waschen, halbieren, entkernen und in schmale Streifen schneiden.

3. Die Tomaten kreuzweise einschneiden, kurz in kochendem Wasser überbrühen, häuten und halbieren. Die Stielansätze herauschneiden und das Fruchtfleisch klein würfeln.

4. Die Butter in einer Pfanne schmelzen lassen. Die Zwiebelspalten und die Paprikawürfel in der heißen Butter anbraten. Die Tomatenwürfel zu den Zwiebeln und der Paprika geben, kurz mitdünsten und das Ganze mit der Brühe und dem Thymian würzen.

5. Die Bohnen abgießen und zum Gemüse geben. Zuletzt das Ganze mit der Crème fraîche verfeinern.

(auf dem Foto: unten)

MARINIERTE ZUCCHINI

ca. 10 Minuten

ca. 270 kcal

Für das Gemüse:
- 2 kleine Zucchini
- etwas Salz

Für die Marinade:
- 1 EL Molkosan (vergorenes Molkekonzentrat)
- 2 EL kaltgepreßtes Olivenöl
- 1/2 TL Kräutersalz
- 1 TL Frutilose
- 1 Knoblauchzehe

Außerdem:
- 2 Stengel frischer Thymian

1. Die Zucchini putzen, waschen, in Scheiben schneiden und in kochendem Salzwasser 2 bis 3 Minuten garen. Anschließend das Gemüse mit einer Schaumkelle herausnehmen und leicht abkühlen lassen.

2. In der Zwischenzeit aus Molkosan, Olivenöl, Kräutersalz und Frutilose eine Marinade rühren und diese mit 5 EL Wasser verdünnen. Die Knoblauchzehe durch die Presse zur Marinade drücken.

3. Die Zucchinischeiben zur Marinade geben und mit dem abgezupften Thymian garnieren.

(auf dem Foto rechts)

Variation
Braten Sie die Zucchinischeiben in heißem Olivenöl goldgelb. Pürieren Sie 2 Tomaten mit etwas Kräutersalz und Frutilose sowie der Knoblauchzehe. Legen Sie die Zucchini in diese Marinade und garnieren Sie das Ganze mit Basilikumblättchen.

BLUMENKOHL IN WEISSER SAUCE

ca. 30 Minuten

ca. 450 kcal

Für das Gemüse:
- 1 kleiner Blumenkohl (300–400g)
- etwas Salz

Für die Sauce:
- 1 1/2 EL Butter
- 1 1/2 EL feines Weizenvollkornmehl
- 1 TL Gemüsebrühe (Instant)
- etwas geriebene Muskatnuß
- 3 EL süße Sahne
- 1 frisches Eigelb
- 1 Bund Petersilie

1. Den Blumenkohl putzen, waschen und in kleine Röschen teilen. Das Gemüse in wenig sprudelnd kochendem Salzwasser etwa 18 Minuten garen.

2. Den Blumenkohl aus dem Wasser nehmen und warm stellen. Das Kochwasser beiseite stellen.

3. Für die Sauce die Butter in einem kleinen Topf schmelzen lassen und mit dem Mehl bestreuen. Das Mehl kurz anschwitzen, nicht braun werden lassen, und die Mehlschwitze mit 150 ml Blumenkohlkochwasser angießen.

4. Die Sauce unter Rühren aufkochen und mit der Instantbrühe und der Muskatnuß würzen. Die Sahne mit dem Eigelb verquirlen und abseits vom Feuer unter Rühren zur Sauce geben.

5. Die Blumenkohlröschen in die Sauce geben. Die Petersilie fein hacken und das Gemüse damit bestreuen.

ROTE-BETE-SALAT   *kräftig · herbstlich*

1. Die Roten Bete waschen und in reichlich Salzwasser in etwa 20 Minuten weich garen. Die Roten Bete etwas ab-kühlen lassen, schälen, in Scheiben schneiden und in eine Salatschüssel geben.

2. Für die Marinade die Zwiebel schälen, halbieren und fein würfeln. Das Molkosan mit Olivenöl, Gemüsebrühe Frutilose und Kümmel gut verrühren.

3. Die Sauce über die Rote-Bete-Scheiben gießen. Die Petersilie fein hacken und den Salat damit bestreuen.

Tip
Rote Bete haben je nach Größe sehr unterschiedliche Garzeiten. Wählen Sie deshalb stets etwa gleichgroße Rüben.

ca. 30 Minuten

ca. 950 kcal

- 3 Rote Bete (ca. 400 g)
- etwas Salz
- 1 Zwiebel
- 1 EL Molkosan (vergorenes Molke-konzentrat)
- 1 EL kaltgepreßtes Olivenöl
- 1/8 l vegetarische Gemüsebrühe (Instant)
- 1 TL Frutilose
- 1 TL Kümmel
- 1/2 Bund Petersilie

GURKEN-PAPRIKA-GEMÜSE

preiswert · fein

ca. 25 Minuten
ca. 310 kcal

1 kleine reife Schmor-
gurke (ca. 300 g)
1 rote Paprikaschote
1 Zwiebel
2 TL Sonnenblumenöl
80 ml vegetarische
Gemüsebrühe
(Instant)
2 EL süße Sahne
1 Bund Dill

1. Die Gurke schälen, längs halbieren und mit einem Löffel die Kerne herauskratzen. Das Gurkenfleisch grob würfeln.

2. Die Paprikaschote waschen, halbieren, das Kerngehäuse entfernen und das Fruchtfleisch würfeln.

3. Die Zwiebel schälen und in schmale Spalten schneiden. Das Öl erhitzen und Paprika und Zwiebel darin andünsten. Die Gurkenwürfel dazu geben und mit der Gemüsebrühe angießen. Das Ganze zugedeckt etwa 15 Minuten garen. Am Ende der Garzeit die Sahne unter das Gemüse rühren.

4. Zuletzt den Dill fein hacken und über das Gemüse streuen.

(auf dem Foto rechts)

Variation
Verkneten Sie 150 g Rinderhack mit 1/2 Ei, 2 EL Semmelbröseln und Gewürzen – Salz, Pfeffer, frische Minze – zu einer Farce und füllen Sie die ausgehöhlte Gurke damit.

HOLLÄNDISCHER KRABBENSALAT

exklusiv · fein

ca. 20 Minuten
ca. 500 kcal

• 1/2 kleiner Kopfsalat
• 1/2 Bund Radieschen
• 10 Kirschtomaten
• 1/2 reife Avocado
• 1 EL Zitronensaft
• 1 kleine Zwiebel
• 1 EL Molkosan
• 1 EL Sonnenblumenöl
• 5 EL saure Sahne
• 1 TL Kräutersalz
• 100 g ausgelöste
  Krabben
• 2 Stengel Dill

1. Den Kopfsalat waschen und in mundgerechte Stücke zupfen. Die Radieschen und die Tomaten waschen und vierteln.

2. Die Avocado schälen, entkernen, das Fruchtfleisch in schmale Spalten schneiden und sofort mit dem Zitronensaft beträufeln. Alle Zutaten auf einem Teller dekorativ anrichten.

3. Für die Sauce die Zwiebel schälen und fein hacken. Das Molkosan, das Öl, die saure Sahne und das Kräutersalz mit 4 Eßlöffeln Wasser zu einer Marinade verrühren und die gehackten Zwiebeln dazu geben. Die Marinade über den Salat gießen.

4. Die Krabben waschen, gut abtropfen lassen und auf dem Salat anrichten. Das Ganze mit den beiden Dillzweigen garnieren.

RÖMERSALAT MIT SHRIMPS *edel · sehr fein*

1. Die Salatblätter in feine Streifen schneiden. Dann die Tomaten halbieren. Die Paprikaschote halbieren, entkernen und in schmale Streifen schneiden.

2. Das Gemüse und den Salat in einer Schüssel mit dem Mais vermischen.

3. Den Joghurt mit dem Orangensaft glatt rühren. Diese Sauce mit den Pfefferkörnern, dem Kräutersalz, dem Cayennepfeffer, dem Paprika und der Frutilose scharf-würzig abschmecken.

Die Marinade über den Salat geben.

4. Die Kiwi schälen und in Scheiben schneiden. Die Kiwischeiben mit den Shrimps auf dem Salat verteilen und das Ganze mit der Kresse garnieren.

Tip
Wickeln Sie den restlichen Römersalat in Frischhaltefolie und verbrauchen Sie ihn am nächsten Tag.

ca. 20 Minuten
ca. 410 kcal

- 6 Blätter Römersalat
- 7 Kirschtomaten
- 1 kleine gelbe Paprikaschote
- 4 EL Maiskörner (TK)
- 100 g Joghurt
- 80 ml Orangensaft
- 1 TL eingelegte grüne Pfefferkörner
- 1 TL Kräutersalz
- 1 Msp. Cayennepfeffer
- 1 TL edelsüßes Paprikapulver
- 1 TL Frutilose
- 1 Kiwi
- 100 g Cocktailshrimps
- etwas Kresse

| ca. 15 Minuten |
| ca. 620 kcal |

- 200 g grüne Bohnen
- etwas Salz
- 1 Stengel Bohnen-
kraut
- 200 g Tomaten
- 1 Zwiebel
- je 1 Stiel Thymian,
Rosmarin und
Basilikum
- 1 EL Molkosan
- 1 EL kaltgepreßtes
Olivenöl
- etwas Kräutersalz
- 6 schwarze Oliven
- 60 g Schafskäse

1. Die Bohnen waschen, putzen und mit dem Bohnenkraut in Salzwasser etwa 18 Minuten garen.

2. Die Tomaten waschen und in Scheiben schneiden. Dabei die Stielansätze herausschneiden. Die Zwiebel schälen und in dünne Ringe schneiden.

3. Für die Sauce die Kräuter waschen, trockenschütteln, von den Stielen zupfen und grob hacken. Das Molkosan mit 100 ml Wasser, dem Öl und dem Kräutersalz verrühren.

4. Die Bohnen abgießen und zusammen mit den Tomatenscheiben und den Oliven auf einem Teller anrichten.

5. Den Schafskäse würfeln und zum Salat geben. Das Ganze mit den Zwiebelringen garnieren.

6. Die gehackten Kräuter zur Marinade geben und diese kurz umrühren. Den Salat mit der Marinade begießen.

| ca. 25 Minuten |
| ca. 370 kcal |

- 1 grüne Paprika-
schote
- 2 Tomaten
- 1/2 Fenchelknolle
- 1 Zwiebel
- 1 EL Molkosan
- 1 EL Sonnenblumenöl
- 1 TL Kräutersalz
- 3 EL süße Sahne
- 3 EL fein gehackte
Kräuter (Petersilie,
Basilikum, Schnitt-
lauch)

1. Die Paprikaschote waschen, halbieren, entkernen und in feine Streifen schneiden. Die Tomaten waschen, halbieren von den Stielansätzen befreien und würfeln.

2. Den Fenchel putzen und in feine Streifen schneiden. Nun die Zwiebel schälen und fein würfeln.

3. Aus Molkosan, Öl, Salz und 100 ml Wasser eine Sauce rühren. Diese mit der Sahne und den gehackten Kräuter verfeinern. Zuletzt die Sauce über den Salat geben.

Tip
Schmackhafter, aber auch kalorienreicher wird der Salat, wenn Sie anstelle des Molkosans frischen Zitronensaft, Salz und 4 Eßlöffel Olivenöl ohne Wasserzugabe zu einer Marinade verrühren.

KERNIGER WEINTRAUBENSALAT *fruchtig · mild*

1. Die Weintrauben waschen, mit Küchenkrepp trockentupfen, halbieren, entkernen und auf einem Teller anrichten.

2. Den Käse in Würfel schneiden und zusammen mit den Walnußhälften auf die Weintrauben legen.

(auf dem Foto oben)

Tip
Genießen Sie diesen Salat mit einer Scheibe Vollkorntoast als leichte Vorspeise.

Variation
Mit einem Dressing aus Joghurt, etwas Salz, Currypulver und Cayennepfeffer erweist sich dieser Salat als feuriger Genuß.

ca. 10 Minuten

ca. 430 kcal

- 125 g blaue Weintrauben
- 125 g grüne Weintrauben
- 30 g Gouda
- 10 halbe Walnußkerne

PIKANTE FISCHSUPPE *raffiniert · fein*

1. Das Suppengrün putzen und waschen. Den Lauch in feine Ringe, die Möhre in dünne Scheiben, den Sellerie in kleine Würfel schneiden.

2. Den Brokkoli putzen, waschen und in kleine Röschen zerteilen. Die Stiele schälen, der Länge nach vierteln und in Stücke schneiden.

3. Das Öl in einem Topf erhitzen und das Gemüse mit Ausnahme der Brokkoliröschen unter Rühren anbraten.

4. Das Gemüse mit Kurkuma, Paprikapulver und Cayennepfeffer bestäuben. Dann mit Brühe und Weißwein an-

gießen. Das Ganze zugedeckt etwa 5 Minuten kochen.

5. Inzwischen die Fischfilets waschen, trockentupfen und in mundgerechte Stücke schneiden. Den Fisch zusammen mit den Brokkoliröschen zur Suppe geben. Nun alles weitere 10 Minuten köcheln lassen und zuletzt mit dem Zitronensaft und der Sahne verfeinern.

(auf dem Foto links)

Variation
Mit Tomaten, Zwiebel und Knoblauch anstelle von Brokkoli und Sahne, dazu einer Prise Safran, ähnelt diese Suppe der Marseiller Bouillabaisse.

ca. 30 Minuten
ca. 550 kcal

• 1 Bund Suppengrün
• 200 g Brokkoli
• 1 EL Sonnenblumenöl
• 1 Msp. Kurkuma
• 1 TL edelsüßes Paprikapulver
• 1 Msp. Cayennepfeffer
• 400 ml Gemüsebrühe
• 100 ml trockener Weißwein
• 200 g Fischfilet (z. B. Kabeljau, Dorsch, Seelachs)
• 1 EL Zitronensaft
• 2 EL süße Sahne

SCHOLLE AUF KLASSISCHE ART *fein · traditionell*

1. Die Scholle unter fließendem Wasser abspülen und mit Küchenkrepp trockentupfen. Den Fisch von beiden Seiten salzen und in den gemahlenen Mandeln wenden.

2. Die Butter auf kleinem Feuer in einer Pfanne schmelzen lassen. Die Scholle in der heißen Butter etwa 15 Minuten von beiden Seiten braten. Dabei die Pfanne immer wie-

der rütteln, damit der Fisch nicht am Pfannenboden haften bleibt.

3. Die Petersilie fein hacken und die Scholle damit bestreuen.

Tip
Verwenden Sie zum Braten eine beschichtete Pfanne, damit die delikate Mandelkruste nicht verletzt wird.

ca. 20 Minuten
ca. 450 kcal

• 1 küchenfertige Scholle
• 1 TL Kräutersalz
• 2 EL feingemahlene Mandeln
• 2 EL Butter
• 3 Stengel Petersilie

FEINER SALAT MIT HUMMERKRABBEN

ca. 30 Minuten

ca. 400 kcal

- 200 g gemischte Blattsalate (z. B. Eisbergsalat, Lollo rosso, Radicchio)
- 200 g gemischte Salatgemüse (z. B. Gurke, Paprikaschote, Champignons, Zwiebeln)
- 100 g Sahnedickmilch
- etwas Kräutersalz
- 1 Knoblauchzehe
- 3 EL gehackte Salatkräuter, (z. B. Petersilie, Basilikum)
- 4 eingelegte Hummerkrabbenschwänze
- 2 Stengel Petersilie

1. Die Blattsalate waschen, putzen und in Streifen schneiden. Das Salatgemüse je nach Bedarf putzen, waschen, schälen und klein schneiden. Alles anschließend in einer Salatschüssel mischen.

2. Für die Sauce die Sahnedickmilch mit dem Schneebesen cremig rühren und mit dem Kräutersalz würzen. Die Knoblauchzehe schälen und durch die Presse zur Dickmilch drücken. Die Salatkräuter ebenfalls dazu geben und untermischen.

3. Die Salatsauce über den Salat verteilen und das Ganze mit den Hummerkrabben und den Petersilienstengeln appetitlich garnieren.

Tip
In Knoblauchöl eingelegte Hummerkrabbenschwänze gibt es in Feinkostgeschäften und den Feinkostabteilungen gutsortierter Supermärkte, oft aber auch bei türkischen Lebensmittelhändlern.

Seezungenfilet nach Sylter Art *fein · edel*

1. Die Seezungenfilets kurz abspülen, mit Küchenkrepp trockentupfen, mit Zitronensaft beträufeln und salzen.

2. Die Gurke schälen, längs halbieren, die Kerne herausschaben, beide Hälften in fingerdicke Stücke schneiden.

3. Die Gurkenstücke in sprudelnd kochendem Salzwasser kurz blanchieren und herausnehmen. Den Backofen auf 200 °C vorheizen.

4. Die Zwiebel schälen, sehr fein würfeln und in der Butter glasig dünsten. Die Gurkenstücke zur Zwiebel geben.

5. Süße und saure Sahne mit 5 Eßlöffeln Wasser verrühren, zum Gemüse geben und mit Brühe und Cayennepfeffer würzen. Das Gemüse in eine Auflaufform geben.

6. Die Seezungenfilets auf das Gemüse legen, die Form mit Alufolie verschließen, alles im Ofen 25 Minuten garen. Nach der Hälfte der Garzeit die Hitze auf 100 °C reduzieren. Das Gericht mit Zitrone und Petersilie garnieren.

ca. 45 Minuten

ca. 715 kcal

- 2 Seezungenfilets (à 200 g)
- 1 EL Zitronensaft
- etwas Salz
- 1 kleine Schmorgurke
- 1 Zwiebel
- 1 EL Butter
- 2 EL süße Sahne
- 2 EL saure Sahne
- 1 TL Gemüsebrühe (Instant)
- 1 Msp. Cayennepfeffer
- 2 Zitronenscheiben
- 2 Stengel Petersilie

GURKENREIS MIT LACHSSTREIFEN

ca. 30 Minuten

ca. 590 kcal

- **50 g Naturreis**
- **1 Zwiebel**
- **1 TL Butter**
- **1 reife Schmorgurke**
- **1 1/2 TL Gemüsebrühe (Instant)**
- **4 EL süße Sahne**
- **1/2 Bund Dill**
- **40 g Räucherlachs**

1. Den Reis in einem Topf mit Wasser bedecken und mindestens 8 Stunden quellen lassen. Bei milder Hitze zugedeckt etwa 25 Minuten garen, abgießen, mit kaltem Wasser abbrausen und gut abtropfen lassen.

2. Inzwischen die Zwiebel schälen, hacken und in der Butter andünsten.

3. Die Gurke schälen, längs halbieren und die Kerne mit einem Löffel herausschaben.

Die Gurke in dünne Scheiben schneiden und zu der Zwiebel geben.

4. Das Gemüse mit der Instantbrühe bestreuen und etwa 10 Minuten garen, danach den Reis und die Sahne unterrühren.

5. Den Dill waschen, trockenschütteln, abzupfen und fein hacken. Den Räucherlachs in Streifen schneiden. Den Gurkenreis mit dem Dill und den Lachsstreifen garnieren.

MATJESFILET MIT GRÜNEN BOHNEN

ca. 30 Minuten

ca. 660 kcal

- **50 g grüne Bohnen**
- **150 g Kartoffeln**
- **1 EL Butter**
- **1 Stengel Bohnenkraut**
- **200 ml Gemüsebrühe (Instant)**
- **2 kleine Matjesfilets**
- **1 kleine Zwiebel**
- **2 EL saure Sahne**
- **1/2 Bund Petersilie**

1. Die Bohnen waschen, putzen und in etwa 3 cm große Stücke schneiden. Die Kartoffeln waschen, schälen und klein würfeln.

2. Die Butter in einem Topf schmelzen und die Bohnen unter Rühren leicht anbraten. Die Kartoffeln und das Bohnenkraut dazu geben und alles mit der Brühe aufgießen. Das Gemüse zugedeckt etwa 12 Minuten köcheln lassen. Dabei gelegentlich umrühren.

3. In der Zwischenzeit die Matjesfilets unter fließendem Wasser abspülen und trockentupfen. Die Zwiebel schälen und in dünne Ringe schneiden.

4. Das Bohnengemüse auf einen Teller geben und die Matjesfilets darauf anrichten. Die saure Sahne auf die Fischfilets geben und das Ganze mit den Zwiebelringen und der Petersilie garnieren.

Variation

Matjesfilets schmecken in einer Sauce von saurer Sahne mit gewürfelten Zwiebeln, Äpfeln, Möhren und Gewürzgurken.

Rösti mit Dillquark und Lachs   *würzig · deftig*

1. Die Zwiebel schälen und fein würfeln. Die Kartoffeln schälen und grob raspeln. Die Kartoffelraspeln zusammen mit den Zwiebelwürfeln, dem Kräutersalz, den Majoranblättchen und dem Eigelb gut vermischen.

2. In einer beschichteten Pfanne das Öl erhitzen, den Kartoffelteig hineingeben und glattstreichen. Das Rösti auf beiden Seiten bei mittlerer Hitze etwa 7 Minuten braten, bis die Oberflächen knusprig sind. Eventuell noch etwas Öl dazu geben.

3. Inzwischen den Quark salzen und mit etwas Wasser glattrühren. Den Dill waschen, trockenschütteln und einen Zweig beiseite legen. Den Rest von den Stielen zupfen, fein hacken und unter den Quark mischen.

4. Das Rösti mit dem Quark und dem Lachs anrichten und mit dem Dillzweig garnieren.

(auf dem Foto oben)

ca. 30 Minuten

ca. 640 kcal

- 1 Zwiebel
- 150 g Kartoffeln
- etwas Kräutersalz
- 1 EL frische Majoranblättchen
- 1 Eigelb
- 2 EL kaltgepreßtes Sonnenblumenöl
- 125 g Quark, 20 % Fett
- etwas Meersalz
- 1 Bund Dill
- 2 Scheiben Räucherlachs (à 25 g)

| ca. 15 Minuten |
| ca. 620 kcal |

- 150 g mageres Rindfleisch (Bratenstück)
- 1 Zwiebel
- 1 EL ungehärtetes Kokosfett
- 1/8 l Rotwein
- 250 g grüne Bohnen
- 3 Tomaten
- 1 Knoblauchzehe
- 1 TL Instant-Gemüsebrühe
- je 1/2 TL Kräutersalz, Oregano und Rosmarin
- 1 Msp. Cayennepfeffer
- 2 EL saure Sahne

1. Das Fleisch waschen, trockentupfen und in kleine Würfel schneiden. Die Zwiebel schälen und in feine Ringe schneiden.

2. Das Kokosfett in einem kleinen Bräter erhitzen und darin die Fleischwürfel von allen Seiten anbraten. Die Zwiebelringe dazu geben und eine Weile mitbraten. Dann das Ganze mit dem Rotwein ablöschen und zugedeckt schmoren lassen.

3. Inzwischen die Bohnen putzen, waschen und in etwa 3 cm lange Stücke schneiden.

4. Die Tomaten kreuzweise einritzen, für etwa 15 Sekunden in kochendes Wasser geben, häuten, von den Stielansätzen befreien und in kleine Würfel schneiden. Die Knoblauchzehe schälen.

5. Bohnen, Tomaten und Knoblauch zum Fleisch geben und das Ganze mit der Instantbrühe und den übrigen Gewürzen abschmecken. Das Gulasch zugedeckt etwa 1 Stunde köcheln lassen. Zuletzt mit der sauren Sahne verfeinern.

(auf dem Foto oben)

| ca. 30 Minuten |
| ca. 530 kcal |

- 400 g Mangold
- etwas Meersalz
- 2 Lammsteaks (aus dem Kotelettstück)
- etwas Knoblauchsalz
- 1 EL ungehärtetes Kokosfett
- 1 Zwiebel
- 2 TL Butter
- 1 TL Instant-Gemüsebrühe
- 2 EL süße Sahne

1. Von den Mangoldstielen die grünen Blätter abziehen. Alles waschen, trockentupfen und in Streifen schneiden.

2. Das Gemüse in wenig Salzwasser etwa 15 Minuten garen und abgießen.

3. Inzwischen die Lammsteaks waschen, trockentupfen und mit Knoblauchsalz einreiben. Das Kokosfett in einer Pfanne erhitzen und die Steaks von jeder Seite etwa 4 Minuten braten.

4. Die Zwiebel schälen und fein würfeln. In einer zweiten Pfanne die Butter zerlassen, und die Zwiebelwürfel darin glasig dünsten. Den Mangold dazu geben, alles mit der Brühe würzig abschmecken und abschließend mit der Sahne verfeinern.

5. Die Lammsteaks zusammen mit dem Mangoldgemüse auf einem Teller anrichten.

(auf dem Foto unten)

FRIKADELLEN GRIECHISCHE ART

ca. 25 Minuten

ca. 830 kcal

- 10 Basilikumblättchen
- 40 g Schafskäse
- 2 Zwiebeln
- 1 Möhre
- 150 g Rinderhack
- 1 Eigelb
- etwas Kräutersalz
- 1 TL Paprikapulver
- 2 EL kaltgepreßtes Olivenöl
- 4 Tomaten
- 6 schwarze Oliven

1. Das Basilikum waschen. Die Hälfte davon in feine Streifen schneiden. Den Schafskäse mit einer Gabel grob zerdrücken und mit den Basilikumstreifen mischen.

2. Die Zwiebeln schälen, die eine fein würfeln, die andere in feine Ringe schneiden. Die Möhre putzen, waschen und raspeln.

3. Das Hackfleisch mit den Zwiebelwürfeln, Möhrenraspel, Eigelb, etwas Kräutersalz und dem Paprikapulver vermischen.

4. Aus dem Fleischteig eine Frikadelle formen, eine Mulde hinein drücken, diese mit dem Schafskäse füllen und alles wieder zu einer Frikadelle formen.

5. Die Hälfte des Olivenöls erhitzen und die Frikadelle darin von jeder Seite etwa 8 Minuten braten.

6. Für den Salat die Tomaten waschen und vierteln. Oliven, Zwiebelringe und Tomaten anrichten, salzen und mit dem restlichen Olivenöl beträufeln.

BURGUNDERBRATEN *aufwendig · delikat*

1. Für die Marinade die Zwiebel schälen, das Suppengrün putzen, alles fein würfeln. Das Gemüse mit Rotwein, Nelken, Rosinen, dem Lorbeerblatt und den Wacholderbeeren zur Gemüsebrühe geben, aufkochen und etwa 15 Minuten köcheln lassen.

2. Das Fleisch in die Marinade einlegen und unter gelegentlichem Wenden etwa 2 Tage marinieren.

3. Das Fett in einem kleinen Bräter erhitzen, das Fleisch aus der Marinade nehmen, trockentupfen und im heißen Fett von allen Seiten scharf anbraten. Das Fleisch mit der Marinade ablöschen und zugedeckt bei mittlerer Hitze etwa 1 1/2 Stunden schmoren.

4. Am Ende der Garzeit das Fleisch aus dem Bräter nehmen. Nelken, Lorbeerblatt und Wacholderbeeren entfernen. Die Sauce mit dem Mixstab pürieren und mit der Sahne verfeinern. Den Burgunderbraten in Scheiben schneiden und mit der Sauce auf einem Teller anrichten.

2 Tage zum Marinieren

ca. 2 Stunden

ca. 720 kcal

- 1 Zwiebel
- 1 Bund Suppengrün
- 200 ml Rotwein
- 2 Gewürznelken
- 1 EL Rosinen
- 1 Lorbeerblatt
- 3 Wacholderbeeren
- 250 ml Gemüsebrühe (aus Instant)
- 150 g Rinderbraten
- 1 EL ungehärtetes Kokosfett
- 2 EL süße Sahne

INDISCHE CURRYPFANNE

ca. 45 Minuten
ca. 870 kcal

- 8 Cashewkerne
- 2 EL Kokosraspel
- 150 g Hähnchen-
  brustfilet
- 1 kleine, reife Mango
- 1 Fenchelknolle
- 1 Zwiebel
- 1 EL kaltgepreßtes
  Sonnenblumenöl
- 1 TL Curry
- 1 Msp. Cayenne-
  pfeffer
- etwas Kräutersalz
- 125 ml Gemüsebrühe
  (Instant)
- 3 EL süße Sahne

1. Die Cashewkerne halbieren und mit den Kokosraspeln ohne Fett anrösten.

2. Das Fleisch waschen und in feine Streifen schneiden. Die Mango schälen, das Fruchtfleisch vom Stein schneiden und fein würfeln.

3. Das Fenchelgrün abschneiden und beiseite legen. Die Fenchelknolle waschen, halbieren, den Strunk ausschneiden, den Fenchel in feine Streifen schneiden. Die Zwiebel schälen und in Ringe schneiden.

4. Das Öl in einer Pfanne erhitzen und darin das Fleisch unter Rühren etwa 5 Minuten braten. Die Zwiebel dazu geben, kurz mitbraten, dann den Fenchel untermischen. Das Ganze mit Curry, Cayennepfeffer und Kräutersalz würzen, mit der Brühe aufgießen und etwa 8 Minuten dünsten.

6. Mango, Cashewkerne und Kokosraspel unterheben und kurz mitdünsten. Das Curry mit der Sahne verfeinern und mit dem Fenchelgrün garnieren.

BROKKOLI-GEFLÜGEL-SUPPE

ca. 30 Minuten
ca. 290 kcal

- 1 Zwiebel
- 1 kleine Lauchstange
- 150 g Hähnchenbrust
- 2 TL Butter
- 400 ml Gemüsebrühe
  (Instant)
- 1 TL Kümmel
- etwas geriebene
  Muskatnuß
- 1 TL gerebelter Lieb-
  stöckel
- 200 g Brokkoli-
  röschen
- 1 Bund Petersilie

1. Die Zwiebel schälen, den Lauch putzen und waschen. Beides in feine Ringe schneiden. Das Hähnchenfleisch waschen, trockentupfen und würfeln.

2. Die Butter zerlassen und das Gemüse darin kurz anbraten. Die Fleischwürfel zum Gemüse geben und unter Rühren mitbraten.

3. Die Fleisch-Gemüse-Mischung mit der Gemüsebrühe angießen und den Kümmel, den Muskat und den Liebstöckel dazu geben. Das

Ganze zugedeckt etwa 8 Minuten köcheln lassen.

4. Inzwischen den Brokkoli putzen, waschen und in kleine Röschen teilen. Die Brokkoliröschen zur Suppe geben und weitere 10 Minuten bei nicht zu starker Hitze garen.

5. Inzwischen die Petersilie fein hacken. Die Suppe in einem Suppenteller anrichten und mit der Petersilie bestreuen.

FRUCHTIGES PUTENGULASCH   *fruchtig · mild*

1. Zwei Orangen auspressen, die dritte so schälen, daß die weißen Häute der Filets mit abgeschnitten werden. Mit einem scharfen Messer die Filets herauslösen.

2. Die Zwiebel schälen und fein würfeln. Die Paprikaschoten waschen, halbieren, entkernen und in schmale Streifen schneiden. Das Putenfleisch waschen, trockentupfen und würfeln.

3. Das Öl in einer Pfanne erhitzen und das Fleisch von allen Seiten anbraten.

4. Die Zwiebelwürfel und Paprikastreifen zum Fleisch geben und alles einige Minuten schmoren lassen. Das Gulasch mit dem Orangensaft aufgießen und alles aufkochen lassen. Die Orangenfilets dazu geben.

5. Das Gulasch mit Kräutersalz, Ingwer und Cayennepfeffer mild abschmecken. Die Sahne in die Sauce einrühren und das Gulasch mit den Zitronenmelisseblättchen garnieren.

(auf dem Foto oben)

ca. 25 Minuten

ca. 660 kcal

- 3 Orangen
- 1 Zwiebel
- je 1 kleine grüne und gelbe Paprikaschote
- 150 g Putenfleisch
- 2 TL kaltgepreßtes Sonnenblumenöl
- etwas Kräutersalz
- 1 TL gemahlener Ingwer
- 1 Msp. Cayennepfeffer
- 2 EL süße Sahne
- 4 Blättchen Zitronenmelisse

ca. 50 Minuten
ca. 720 kcal

- 60 g Bandnudeln
- etwas Salz
- 1 Zwiebel
- 1 rote Paprikaschote
- 70 g Champignons
- 2 TL kaltgepreßtes Sonnenblumenöl
- 4 EL süße Sahne
- 1 frisches Eigelb
- 1 TL Instant-Gemüsebrühe
- 1 TL Oregano
- 1 Msp. Cayennepfeffer
- 40 g Wörishofener Käse, 60 % Fett i. Tr.

1. Die Nudeln in reichlich Salzwasser bißfest garen, abgießen und mit kaltem Wasser abschrecken.

2. Die Zwiebel schälen und fein hacken. Die Paprikaschote waschen, halbieren, entkernen und in feine Streifen schneiden. Die Pilze putzen und in etwa 5 mm dicke Scheiben schneiden.

3. Den Backofen auf 200 °C vorheizen. Das Öl in einer Pfanne erhitzen und das Gemüse zusammen mit den Pilzen darin anbraten. Die

Nudeln hinzufügen und alles bei mittlerer Hitze etwa 5 Minuten schmoren.

4. In der Zwischenzeit die Sahne mit 80 ml Wasser, dem Eigelb, der Instantbrühe, dem Oregano und dem Cayennepfeffer verquirlen.

5. Die Nudelmasse in eine Auflaufform geben und mit der Sahnesauce begießen. Den Käse in Streifen schneiden, das Gratin damit belegen und 20 Minuten überbacken.

(auf dem Foto oben)

ca. 45 Minuten
ca. 630 kcal

- 1 Zwiebel
- 1 Zucchini
- 70 g Champignons
- 1 rote Paprikaschote
- 2 TL Olivenöl
- etwas Kräutersalz
- 1 TL Instant-Gemüsebrühe
- 1 TL Oregano
- 1 Knoblauchzehe
- 50 ml süße Sahne
- 1 frisches Eigelb
- 50 g Rahmgouda
- 1/2 TL Muskatpulver
- 1/2 TL Majoran
- 4 Lasagneplatten

1. Das Gemüse waschen und putzen. Die Zwiebel in dünne Ringe, die Zucchini und die Champignons in dünne Scheiben schneiden. Die Paprikaschote halbieren, entkernen und fein würfeln.

2. Das Olivenöl erhitzen, das Gemüse darin andünsten und mit Kräutersalz, Instantbrühe, Oregano sowie der zerdrückten Knoblauchzehe würzen.

3. Den Backofen auf 180 °C vorheizen. Für die Sauce die Sahne mit 125 ml Wasser und

dem Eigelb verquirlen. Den Käse fein würfeln und die Hälfte davon mit etwas Kräutersalz, Muskat, Cayennepfeffer und Majoran zur Sahne-Eigelb-Mischung geben. Die Sahnesauce unter das Gemüse rühren.

4. Abwechselnd Gemüsesauce und Lasagneplatten in eine Auflaufform füllen. Das Ganze mit dem restlichen Käse bestreuen und etwa 25 Minuten backen.

(auf dem Foto unten)

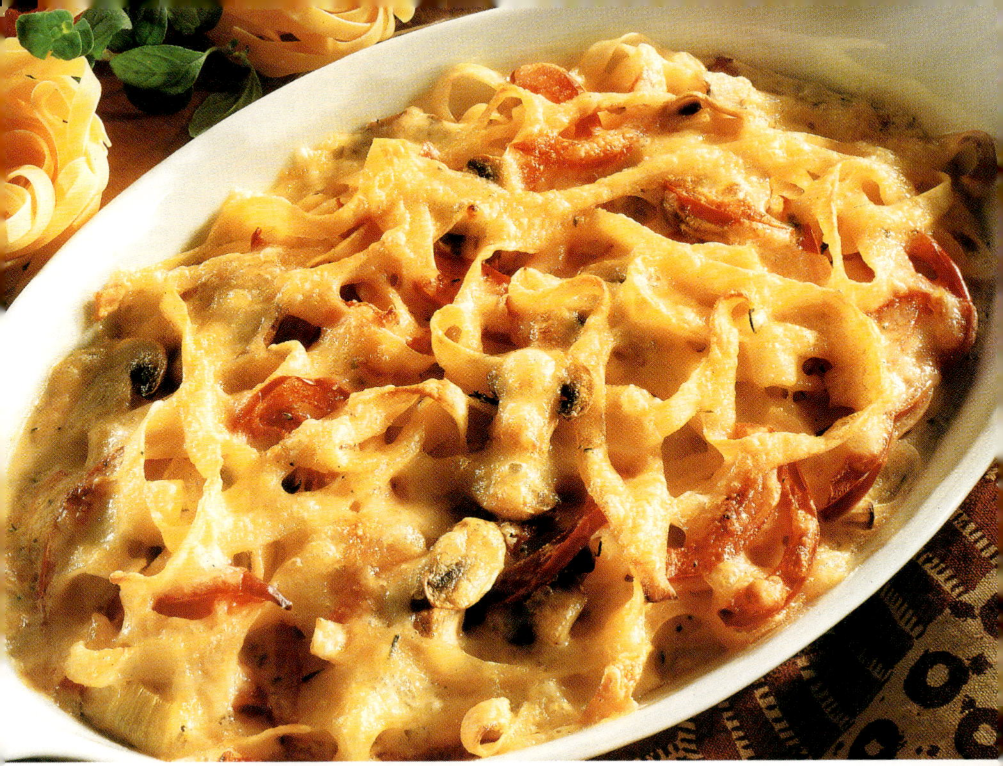
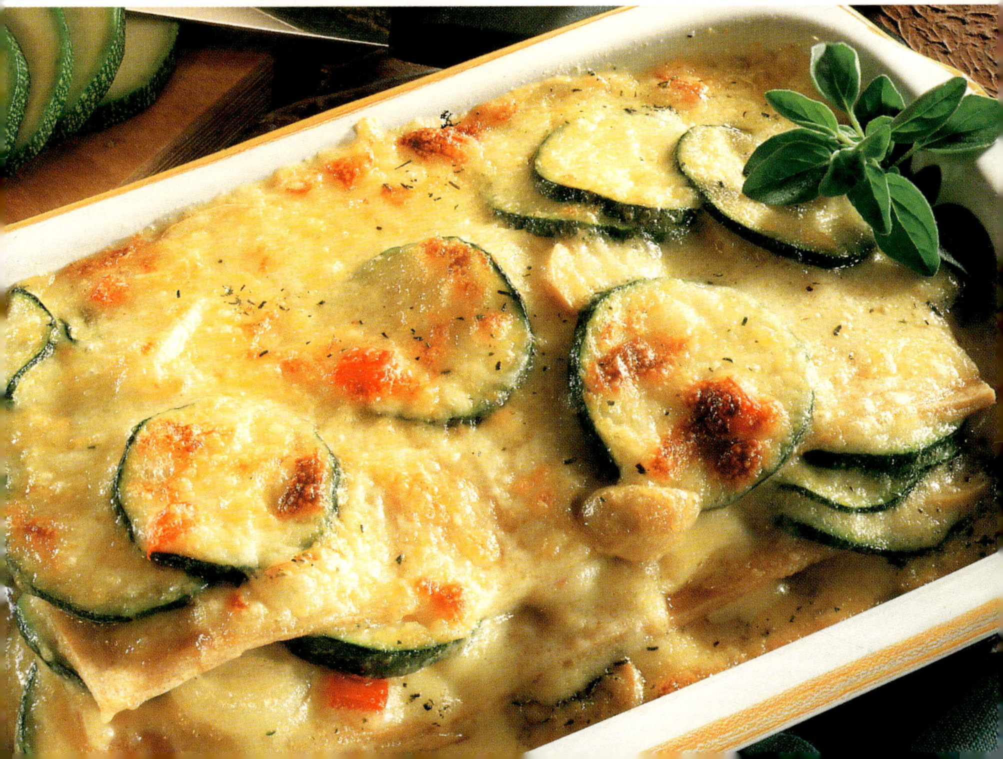

KÄSEPFÄNNCHEN

ca. 40 Minuten

ca. 320 kcal

- 1/2 **Blumenkohl**
- etwas **Meersalz**
- 400 g **reife Tomaten**
- 18 **Basilikumblättchen**
- 1 TL **Kräutersalz**
- 1/2 TL **Oregano**
- 1/2 TL **Rosmarin**
- 60 g **Gouda,**
  45 % Fett i. Tr.

1. Den Blumenkohl putzen, waschen und in Röschen teilen. Diese in wenig Salzwasser etwa 8 Minuten halbgar kochen. Den Blumenkohl in eine feuerfeste Form geben.

2. Die Tomaten über Kreuz einschneiden, kurz in kochendes Wasser legen und enthäuten. Die Stielansätze herausschneiden und die Früchte in grobe Stücke schneiden.

3. Den Backofen auf 200 °C vorheizen. Die Basilikumblättchen fein hacken. Die

Tomatenstücke mit Kräutersalz, Oregano, Rosmarin und Basilikum würzen und alles zu den Blumenkohlröschen geben.

4. Den Käse in kleine Würfel schneiden und über dem Gemüse verteilen. Das Ganze im Ofen 20 Minuten backen.

Tip
Kochen Sie einen ganzen Blumenkohl. Entnehmen Sie nach 8 Minuten die Menge, die Sie für dieses Gericht brauchen. Garen Sie den Rest fertig und machen Sie Suppe oder Salat daraus.

PAPRIKAGEMÜSE MIT SPIEGELEIERN *fruchtig · herb*

1. Die Paprikaschoten waschen, halbieren, entkernen und in Streifen schneiden. Die Zwiebel schälen und grob würfeln.

2. Die Butter in einer Pfanne erhitzen und die Zwiebel darin glasig dünsten. Die Paprikastücke dazu geben und alles etwa 5 Minuten dünsten. Das Gemüse mit der Instantbrühe würzen.

3. Während der Garzeit des Gemüses für die Eier das Öl in einer zweiten Pfanne erhitzen. Die Eier in die Pfanne

schlagen und einige Minuten braten lassen. Sie sollen knusprig an der Unterseite und im Dotter noch weich sein.

4. Die Spiegeleier auf das Paprikagemüse setzen. Die Petersilie waschen und trockenschleudern. Die Blätter abzupfen und über das Gemüse streuen.

Variation
Pikanter schmeckt es, wenn Sie für die Eier erst eine halbe gewürfelte Zwiebel anbraten, die Eier als Rührei zubereiten und mit Kräutern würzen.

ca. 25 Minuten

ca. 460 kcal

Für das Gemüse:
• 1 gelbe Paprika-
  schote
• 2 rote Paprikaschoten
• 1 Zwiebel
• 1 EL Butter
• 1 TL Instant-Gemüse-
  brühe

Für die Eier:
• 2 TL kaltgepreßtes
  Sonnenblumenöl
• 2 frische Eier
• 1 Msp. Meersalz

Außerdem:
• 1 Stengel Petersilie

ZUCCHINI-TOMATEN-GRATIN

ca. 45 Minuten

ca. 450 kcal

- 3 kleine Zucchini
- etwas Salz
- 4 Tomaten
- 2 frische Eier
- 2 EL süße Sahne
- 1 1/2 TL Instant-
  Gemüsebrühe
- 1 Knoblauchzehe
- 40 g geriebener Par-
  mesankäse
- etwas Petersilie

1. Die Zucchini waschen, die Stielansätze abschneiden und die ganzen Zucchini in wenig Salzwasser etwa 8 Minuten dünsten. Die Zucchini in Scheiben schneiden.

2. Die Tomaten über Kreuz einschneiden, etwa 15 Sekunden in kochendes Wasser legen, abschrecken und enthäuten. Die Tomaten ebenfalls in Scheiben schneiden und mit den Zucchinischeiben abwechselnd schuppenförmig in eine Auflaufform legen. Den Backofen auf 175 °C vorheizen.

3. Die Eier mit 6 Eßlöffel Wasser und der Sahne aufschlagen. Die Masse mit der Instant-Gemüsebrühe würzen. Die Knoblauchzehe durch die Presse in die Eiersahne drücken, alles kurz verrühren und über das Gemüse gießen.

4. Den Auflauf mit dem Parmesan bestreuen und etwa 30 Minuten backen. Inzwischen die Petersilie waschen und trockenschütteln. Die Blätter von den Stengeln zupfen, fein hacken und über das Gratin streuen.

GRATINIERTE CHAMPIGNONS

ca. 35 Minuten

ca. 580 kcal

- 100 g Champignons
- 1 Zwiebel
- 1/2 Baby-Ananas
- 1 EL Butter
- 300 g Sauerkraut
- 1 TL Kräutersalz
- 4 EL süße Sahne
- 3 Walnußkerne
- 40 g geriebener Käse
  mit 45 % Fett i. Tr.
  (z. B. Gouda)

1. Die Champignons mit einem Küchentuch abreiben und in Scheiben schneide.Die Zwiebel schälen und fein würfeln. Die Ananas schälen, längs vierteln, die Strünke herausschneiden und das Fruchtfleisch klein würfeln.

2. Die Butter in einer Pfanne erhitzen und die Pilze zusammen mit den Zwiebelwürfeln darin leicht anbraten.

3. Den Backofen auf 200 °C vorheizen. Das Sauerkraut grob hacken und zusammen

mit den Ananaswürfeln zu den Pilzen geben. Das Ganze mit dem Kräutersalz würzen, mit der Sahne aufgießen und unter Rühren etwa 10 Minuten dünsten.

4. Die Walnußkerne hacken. Das Pilzgemüse in eine Auflaufform geben und mit den Walnußkernen bestreuen. Den Käse auf das Gemüse streuen und das Ganze im Ofen auf der mittleren Schiene etwa 15 Minuten überbacken.

PILZGEMÜSE MIT SCHAFSKÄSE   *würzig · mediterran*

1. Die Zwiebel schälen und in feine Ringe schneiden. Die Austernpilze putzen und in Streifen schneiden. Die Aubergine waschen, den Stielansatz abschneiden und das Fruchtfleisch klein würfeln.

2. Das Öl in einer Pfanne erhitzen und das Gemüse mit den Pilzen unter Rühren etwa 10 Minuten braten.

3. Die Tomaten waschen, halbieren und den Stielansatz heraus schneiden. Das Fruchtfleisch mit dem Mixstab pürieren. Das Tomaten-

püree zum Gemüse geben. Die Knoblauchzehe schälen, durch die Presse zum Gemüse drücken und alles mit der Brühe und dem Cayennepfeffer würzen. Das Ganze weitere 5 Minuten köcheln lassen.

4. Den Schafskäse zerbröseln, unter das Gemüse rühren und alles zugedeckt noch etwa 5 Minuten erwärmen, bis der Käse geschmolzen ist. Das Gemüse mit den Basilikumblättchen garnieren.

(auf dem Foto oben)

ca. 35 Minuten

ca. 400 kcal

- 1 Zwiebel
- 125 g Austernpilze
- 1 kleine Aubergine
- 2 EL Olivenöl
- 300 g Tomaten
- 1 Knoblauchzehe
- 2 TL Instant-Gemüsebrühe
- 1 Msp. Cayennepfeffer
- 60 g Schafskäse
- 5 Basilikumblättchen

GRAUPENEINTOPF

deftig · rustikal

ca. 15 Minuten
ca. 620 kcal

- 30 g Graupen
- etwas Salz
- 1 Bund Suppengrün
- 2 TL Butter
- 400 ml Gemüsebrühe (Instant)
- 1/2 TL Kräutersalz
- 1 Msp. Cayennepfeffer
- 1 Msp. geriebene Muskatnuß
- 1/2 Bund Petersilie

1. Die gewaschenen Graupen in kochendes Salzwasser geben und bei geringer Hitze etwa 30 Minuten kochen.

2. Inzwischen das Suppengrün putzen, waschen und in kleine Würfel schneiden.

3. Die Butter in einem Topf schmelzen lassen und das Suppengrün darin auf kleiner Flamme andünsten. Das Gemüse mit der Gemüsebrühe angießen und etwa 15 Minuten köcheln lassen.

4. Die Graupen abgießen und zur Suppe geben. Alles mit dem Kräutersalz, dem Cayennepfeffer und der Muskatnuß abschmecken. Die Petersilie waschen und trockenschütteln. Die Blättchen abzupfen, fein hacken und über den Eintopf streuen.

(auf dem Foto oben)

GEMÜSETOPF MIT KÄSENOCKERLN

sättigend · kräftig

ca. 30 Minuten
ca. 880 kcal

- 1 Bund Suppengrün
- 1 Kohlrabi
- 1 EL Butter
- 1/2 l Gemüsebrühe (Instant)
- 75 g Vollkorngrieß
- 50 g Camembert, 60 % Fett i. Tr.
- 1 frisches Eigelb
- 1/2 TL Meersalz
- 1 Bund Petersilie

1. Das Suppengrün und den Kohlrabi putzen, waschen und klein würfeln. Die Butter in einem Topf erhitzen und das Gemüse darin leicht anbraten. Knapp 400 ml Brühe angießen und das Ganze etwa 15 Minuten köcheln lassen.

2. Inzwischen die restliche Brühe zum Kochen bringen und den Vollkorngrieß unter Rühren einrieseln lassen. Den Grieß bei kleinster Hitzezufuhr unter ständigem Rühren so lange quellen lassen, bis eine feste und formbare Masse entstanden ist. Den Camenbert mit einer Gabel zerdrücken und mit dem Eigelb unter die Grießmasse mengen.

3. Reichlich Salzwasser zum Sieden bringen. Von der Grießmasse mit 2 Teelöffeln kleine Klößchen abstechen und diese im siedenden Wasser etwa 10 Minuten garziehen lassen, bis sie an der Oberfläche schwimmen.

4. Die Nockerl in den Gemüsetopf geben. Die Petersilie waschen, trockenschütteln, fein hacken und über das Gericht streuen.

(auf dem Foto unten)

ca. 30 Minuten

ca. 400 kcal

- 300 g grüne Bohnen
- 150 g **Kartoffeln**
- 1 **Zwiebel**
- 1 EL kaltgepreßtes **Sonnenblumenöl**
- 1 TL **Instant-Gemüse-brühe**
- 1 Stengel **Bohnen-kraut**
- 1 EL »**Holstener Liesl**« (vegetarischer Brot-aufstrich)

1. Die Bohnen putzen, waschen und in 3 cm lange Stücke brechen. Die Kartoffeln waschen, schälen und würfeln. Die Zwiebel schälen und grob würfeln.

2. Das Öl in einem Topf erhitzen und das Gemüse unter Rühren anbraten, dann mit etwa 125 ml Wasser angießen. Das Gemüse mit der Instant-brühe und dem Bohnenkraut würzen.

3. Den Topf schließen und das Gemüse bei milder Hitze etwa 18 Minuten garen. Die Holstener Liesl in den Eintopf geben und schmelzen lassen.

Tip
Holstener Liesl ist ein schmalz-ähnlicher Brotaufstrich. Sie erhalten das auf vegetarischer Basis hergestellte Produkt in Reformhäusern und Naturkost-läden.

ca. 30 Minuten

ca. 640 kcal

- 200 g **Kartoffeln**
- 1 **Zwiebel**
- 2 TL **Butter**
- 400 ml **Gemüsebrühe** (Instant)
- 75 g **Champignons**
- 1 EL kaltgepreßtes **Sonnenblumenöl**
- 1/2 TL **Kräutersalz**
- 2 EL süße **Sahne**
- 1 Msp. geriebene **Muskatnuß**
- 1 Bund **Petersilie**

1. Die Kartoffeln waschen, schälen und in kleine Würfel schneiden.

2. Die Zwiebel schälen und fein würfeln. Die Butter in einem Topf erhitzen, die Zwiebel dazu geben und glasig dünsten. Die Kartoffelwürfel zur Zwiebel geben und alles zugedeckt bei schwacher Hitze 18 Minuten garen.

3. Inzwischen die Champignons putzen, falls nötig waschen und in dünne Scheiben schneiden. Das Öl in einer Pfanne erhitzen, die Pilze

darin leicht anbraten und mit dem Kräutersalz würzen.

4. Die Suppe mit dem Mix-stab pürieren, mit der Sahne verfeinern und mit der Mus-katnuß abschmecken.

5. Die Petersilie waschen, trockenschütteln und fein hacken. Die angebratenen Pilze zur Suppe geben und das Ganze mit der Petersilie bestreuen.

Variation
Braten Sie mit den Pilzen eine zerquetschte Knoblauchzehe.

BUNTER REISEINTOPF

einfach · mild

ca. 30 Minuten
ca. 950 kcal

- 50 g Naturreis
- 1 Bund Suppengrün
- 1 EL Butter
- 50 g TK-Erbsen
- 300 ml Gemüsebrühe (Instant)
- 1 TL getrockneter Liebstöckel
- 1 Bund Petersilie
- 2 EL süße Sahne
- 1 frisches Eigelb

1. Den Reis in einem Topf mit etwa 1/4 l Wasser bedecken und mindestens 8 Stunden quellen lassen.

2. Den Reis zugedeckt bei milder Hitze etwa 25 Minuten garen, dann abgießen.

3. Inzwischen das Suppengrün putzen, waschen und in feine Würfel bzw. Ringe schneiden. Die Butter in einem Topf erhitzen und das Suppengrün darin einige Minuten andünsten. Die Erbsen zum Suppengemüse geben und kurz mitdünsten.

4. Das Gemüse mit der Brühe aufgießen und das Ganze zugedeckt etwa 15 Minuten köcheln lassen. Den Reis zur Gemüsebrühe geben, alles erwärmen und mit dem Liebstöckel würzen. Die Petersilie waschen, trockenschütteln und fein hacken.

5. Die Sahne mit dem Eigelb und etwas Eintopfbrühe verschlagen. Den Eintopf vom Herd nehmen, die Eiersahne einrühren und alles mit der Petersilie bestreuen.

(auf dem Foto oben)

einfach · würzig

SPAGHETTI MIT FEURIGER PAPRIKASAUCE

ca. 30 Minuten

ca. 570 kcal

- 1 Zwiebel
- 1 Knoblauchzehe
- 1 EL kaltgepreßtes Olivenöl
- 1 rote Paprikaschote
- 60 g Vollkornspaghetti
- etwas Salz
- 1/2 TL Kräutersalz
- 1 Msp. Cayenne-pfeffer
- 1 TL edelsüßes Paprikapulver
- 1 TL Instant-Gemüse-brühe
- 50 g Schafskäse
- 8 schwarze Oliven
- 3 Kirschtomaten
- 2 Zweige Basilikum

1. Die Zwiebel schälen und in dünne Spalten schneiden. Den Knoblauch schälen. Das Olivenöl erhitzen und die Zwiebel darin glasig dünsten. Die Knoblauchzehe durch die Presse dazu drücken und kurz mitdünsten.

2. Die Paprikaschote waschen, halbieren, entkernen und in sehr feine Streifen schneiden. Die Paprikastreifen zur Zwiebel geben und alles etwa 5 Minuten schmoren.

3. Inzwischen die Nudeln in reichlich Salzwasser etwa 10 Minuten bißfest garen.

4. Den Schafskäse zerkrümeln und zusammen mit den Oliven unter das Nudelgericht mischen. Die Kirschtomaten waschen und halbieren. Die Basilikumblätter abzupfen. Die Nudeln mit den Tomatenhälften und den Basilikumblättern garnieren.

Die Spaghetti abgießen, gut abtropfen lassen und unter die Paprikapfanne mischen. Das Ganze mit Kräutersalz, Cayennepfeffer, Paprikapulver und Brühe pikant abschmecken.